ビジネスモデルの教科書

HBR'S 10 MUST READS ON BUSINESS MODEL INNOVATION

ハーバード・
ビジネス・レビュー
ビジネスモデル論文
ベスト11

ハーバード・ビジネス・レビュー編集部＝編
DIAMONDハーバード・ビジネス・レビュー編集部＝訳

ダイヤモンド社

HBR'S 10 MUST READS On Business Model Innovation
by Harvard Business Review

はじめに

経済環境の変化が激しい今日、事業で収益を上げ、利益を出し続けていくためには、ビジネスモデルという概念をきちんと理解し、実践することが大切です。そのうえで、市場の競合企業に勝つために、競争戦略を打ち立てていくことです。なぜでしょうか。本書は全体を通して、この点をわかりやすく論じています。その意味で本書は、既存企業の経営者やマネジャー層には必読の書です。また、スタートアップの創業者や、起業を目指している野心的な人が、成功するために、まず、きちんと理解しておくべき要点が収められています。

米国の名門経営大学院、ハーバード・ビジネス・スクールの教育理念に基づいて、1922年、マネジメント誌*Harvard Business Review*（HBR：ハーバード・ビジネス・レビュー）が創刊されました。同編集部とダイヤモンド社が提携し、日本語版『DIAMONDハーバード・ビジネス・レビュー』（DHBR）を1976年に創刊しました。以来、DHBRは、「優れたリーダー人材に貢献する」という編集方針の下、学術誌のような難解さを排し、「実学」に資する論文を提供しています。

そのHBR誌の掲載論文から、HBR編集部が「ビジネスモデルについて知っておくべき最低限のこと」として厳選した11本の論文を集めたものが、本書です（各論文執筆者の肩書きは基本的に、論文発表時のものです）。

ビジネスモデルとは何か。この点からていねいに解説するのが、第1章「ビジネスモデルの正しい定義」です。端的に言えば、「どうすれば企業がうまくいくかを語る筋書き、物語」と筆者は書きます。

このことを具体事例で説明します。

たとえば19世紀末、アメリカン・エキスプレスの社長が旅先で、小切手が使えず閉口した経験から、トラベラーズチェックを考案します。利用者は世界中でトラベラーズチェックが使えるという利便性を得る代わりに、現金を前払いします。一方、発行者は、そのチェックの払い戻し（現金化）を請求されるまでの期間の金利分の利益を得たり、払い戻し請求がない場合にはその額が丸ごと利益になったりというビジネスモデルです。

その他、ディズニーランドやデルなどの事例で、時代ごとに現れたビジネスモデルを本章では解説しています。モデルの成否を決めるのは、「ストーリーテスト」（物語の筋が通っているか）、「ナンバーテスト」（収支が合っているか）だと論じます。

ビジネスモデルが成功するためのフレームワークを提示するのが、第2章「ビジネスモデル・イノベーションの原則」。その4つの要因として、①顧客価値の提供、②利益方程式、③カギとなる経営資源、④カギとなるプロセス、を挙げて詳述しています。具体的案件で要点を理解した後は、新たなビジネスモデルでイノベーションを起こして事業を成功に導く流れが示されている、実践的な論文です。

第3章「よいビジネスモデル　悪いビジネスモデル」は、この分野の第一人者であるリタ・ギュンター・マグレイス（コロンビア・ビジネススクール教授）へのインタビューです。ビジネスの変化の加速や異業種間競争の拡大が進む状況を説明し、既存企業のマネジャー向けに自社のビジネスモデルをどう改革していけばよいのかを論じます。自社のモデルに組み込まれている前提を疑い、従来とは異なる意思決定を下すにはどんな情報が必要か自問し、執務室から飛び出して顧客の生の声を聞くことが欠かせない、と主張します。

そうした変革のための意思決定のプロセスを、構造的にわかりやすく説くのが、第4章「ビジネスモデル・イノベーションに天才はいらない」です。「何を提供するか」「いつ決めるか」「誰が決めるか」「それはなぜか」の4段階に分類し、それぞれで検討すべき課題、取るべき行動を具体的に論じています。

一方、既存業界に風穴を開ける攻め手の新興勢力の多くでは、ビッグデータ、IoT、AIなどの新しいテクノロジーを駆使しています。そのため、業界に変革をもたらすのは新規テクノロジーだと錯覚されがちです。しかし、実際に成功のカギを握るのは、テクノロジーと顧客ニーズを結び付けて価値を提供するビジネスモデルであると主張するのが、第5章「ビジネスモデルを差別化する6つの要素」です。筆者らは、新しいビジネスモデルを打ち出した40社を分析し、成功モデルでよく見られる「個別化」「循環型プロセス」「資産の共有」「従量制プライシング」「協調的なエコシステム」「機動的で適応力のある組織」の6つの特徴を抽出。これを評価基準に用いれば、自社のモデルの診断や差別化の検討に役立つ、と提言しています。

今日、新しいビジネスモデルとして、強烈な破壊力を示しているのが、FREE(無料)モデル。基本となる製品・サービスを無料で提供し、他の方法で利益を上げるというビジネスモデルです。既存企業がこの脅威に対して、どう対応すべきかを示すのが、第6章「『FREE経済』の戦略」です。まず、脅威を評価することが必要で、①参入者がコストを素早く回収する能力、②無料サービスの利用者数の増加スピード、③料金を払っている顧客の離反スピードの3つを検討します。また、「プロフィットセンター」というこれまでの考え方を打破することを勧めます。グーグルやヤフーなど、無料化への対応に成功した企業事例をもとに、脅威に対して、いつ、どのような戦略を採るのが有効かを提示しています。

エリック・リースが『リーン・スタートアップ』を著して以降、起業の方法論は一変しました。かつては綿密な事業計画を作成し、ベンチャーキャピタリストの納得を得て十分な資金を手にしたうえで、事業計画通りに進めるのが王道でした。ところがリーン・スタートアップの手法では、開発より先に顧客開拓、膨大な資金より迅速な行動、軌道修正の繰り返しなどが奨励されています。この手法は、今日のスタートアップ企業の成功パターンとして定着しましたが、大企業こそ取り入れるべきだと論じるのが、第7章「リーン・スタートアップ：大企業での活かし方」です。事前の計画通りビジネスが進まない時代になり、迅速な事業開発とイノベーションが求められているのは、まさに既存の大企業だからです。リーン・スタートアップの手法と特徴から、既存のビジネスプロセスをこの手法にいかに切り替えるかを論じます。

第8章「プラットフォーム革命」は、今日、重要なこのビジネスモデルを、初心者にわかりやすく解説しています。かつて5社で利益の90％以上を稼いでいた携帯電話市場が、iPhoneの登場によりアップルだけで利益の92％を占める市場へと変貌。この怒涛の躍進は、iPhoneの製品力のみならず、App Storeというプラットフォームの力に負うところが大きいことが知られています。このわかりやすいケースなどを使って、プラットフォームを活用したビジネスモデルの優位性を論じています。バリューチェーンの一連の活動の管理を行うパイプライン事業での価値創造に加えて、プラットフォームを利用する消費者と、プラットフォーム上でサービスを提供するサプライヤーとを引き合わせることで新たな価値を創造するモデルです。そこには、「ネットワーク効果」があり、「エコシステム」という参加者の新たな関係性が重要になります。

プラットフォーム革命を担い、推進し、高収益を享受しているのは、グーグルやアマゾン・ドットコムのような、スタートアップのプラットフォーマーです。とはいえ、ビジネスモデルは模倣ができます。そこで、既存企業がこのモデルを活用する方法を論じるのが、第9章「自社をプラットフォーマーに転換する法」です。本章では4つの方法を示します。すなわち、「他社に門戸を開く」「顧客をつなぐ」「製品をつないで顧客をつなぐ」「プラットフォーマーに製品・サービスを供給する」です。モデルの転換に伴うメリットだけでなく、落とし穴もあり、両面について事例をもとに詳述しています。

ビジネスモデルについて考えるべきは、ここまでの章で論じてきたようなITに関連するものばかりではありません。知恵の絞り所は、伝統的な産業においても、あります。その成功例を論じるのが、第10章「ラン航空：異質な収益モデルを共存させる」。サウスウエスト航空などの格安航空事業という新しいビジネスモデルの台頭に、既存の大手航空会社は対抗策として、こぞって格安サービスに乗り出しましたが、既存モデルとの両立が難しく、苦戦しました。その中で、異なる対応で成功したのが、南米チリのラン航空です。

既存のフルサービスと格安の2つの旅客事業に、貨物事業を加え、3つの異なるビジネスモデルを並行して展開し、収益を上げ、競争力を高めたのです。3つのモデルの相関性を高め、相乗効果を生みました。成功のポイントは、物理的資産の共有と、経営資源とケイパビリティの互換性を見極めたことです。異なるビジネスモデルの並行展開を実現したことで、競合に対する参入障壁を築けているのです。他業界でも応用ができそうで、まさにビジネスモデル論といえます。

近年、企業の経営のあり方について、株主価値ばかりを追求するのではなく、従業員や消費者、社会などステークホルダー全体の利益を考慮すべきであるという見方が強まっています。企業のパーパス(存在意義)を重視する傾向も高まっています。この流れに沿って、ビジネスモデルを論じるのが、第11章「ソーシャル・ビジネスは先進国でも有用である」です。

今日、先進国の経済格差が拡大し、米国、日本、欧州での貧困層は全体の15〜25%を占めるまでになっています。収益拡大のためにその層向けの製造コストを下げ品質を落として、低価格商品を開発するのではなく、NGOと協働して流通コストを下げるなどの方法により、品質のよいものをその層に提供するという発想で事業を展開すべきである、というのがこの章の趣旨です。他の章の論考のように、競争に勝つことや利益拡大を目的とするのではなく、社会貢献のためのビジネスモデルの再考。筆者は、2006年のノーベル平和賞を受賞したグラミン銀行創設者のムハマド・ユヌス氏らで、現実を踏まえた論説です。

本書は論文集ですので、掲載順は気にせず、ご関心のあるテーマから読まれることをおすすめします。

DIAMOND ハーバード・ビジネス・レビュー編集部

『ビジネスモデルの教科書』

目次

第1章

ビジネスモデルの正しい定義

経営コンサルタント
ジョアン・マグレッタ

"Why Business Models Matter"
Harvard Business Review, May 2002.
邦訳「ビジネスモデルの正しい定義」
『DIAMONDハーバード・ビジネス・レビュー』2002年8月号

ジョアン・マグレッタ
(Joan Magretta)
経営コンサルタントならびに作家。1998年、"The Power of Virtual Integration：An Interview with Dell Computer's Michael Dell."（邦訳「バーチャル・インテグレーションが生む競争優位」DHB1998年7-8月号）でマッキンゼー賞金賞を受賞した。なお本稿は、著作*What Management Is：How It Works, and Why It's Everyone's Business,* Free Press, 2002.（邦訳『なぜマネジメントなのか』ソフトバンククリエイティブ、2003年）から抜粋したものである。

言葉の定義をはっきりさせる

「ビジネスモデル」は、インターネットブームのおかげで大流行した言葉の一つである。この言葉は、作家のマイケル・ルイスに言わせれば「いい加減なプランにもったいをつけるため」に毎日のように引き合いに出される。

企業には、戦略も、特殊な能力も、それどころか顧客すらも必要ではなくなった。唯一必要なのは、ウェブを利用したビジネスモデルだけだ。それも、大ざっぱで、利益の見通しもはっきりせず、未来を漠然と示すものでよい。

投資家から起業家や経営者に至るまで、たくさんの人がこの言葉に踊らされ、夢を買い、そして火傷した。やがて、当然のことながら反動が起き、ビジネスモデルのコンセプトは、ドットコムの名称と相前後して流行遅れになってしまった。

これは、まったく残念なことである。たしかに多くの資金が出来の悪いビジネスモデルに投じられたことは否めない事実だ。しかし、間違っていたのはビジネスモデルのコンセプトそのものではなく、その誤解、あるいは誤用である。

組織が成功するには、優れたビジネスモデルがいまなお必要不可欠なものだ。この事実は、新興ベンチャーでも老舗企業でも変わらない。

ただしマネジャー諸氏は、実際にこのコンセプトを用いる前に、まず語義の曖昧さを払拭し、シンプルかつ御利益のある定義をはっきりさせておく必要がある。

トラベラーズチェックの成功物語

「モデル」という言葉は、難解な数式だらけの黒板を思い起こさせるかもしれないが、ビジネスモデルにまったく難解なところはない。ビジネスモデルとは、端的に言えば「物語」、つまりどうすれば会社がうまくいくかを語る筋書きである。

優れたビジネスモデルは、ピーター・ドラッカーの古くて新しい質問である「顧客は誰で、顧客価値は何か」という質問に答えるものだ。また、マネジャーが避けては通れない基本的な質問である「どのようにこの事業で儲けるか、どのような論理に基づき、適切なコストで顧客に価値を提供するか」にも答えてくれるだろう。

時代にかかわらず、最も成功を収めたビジネスモデルが生まれるまでにどのような経緯があったのか、ここで紹介してみよう。それは、トラベラーズチェックの物語である。

1892年のこと、欧州でバカンスを楽しんでいたアメリカン・エキスプレス（アメックス）の社長J・C・ファーゴは、小切手で現金を払い戻してもらおうとした時、四苦八苦してしまった。

その帰途、「見知らぬ土地に来ると、小切手なんぞ、びしょびしょに濡れた包装紙ほどの役にも立たない」とファーゴは考えた。「アメックスの社長でさえこうなのだから、一般の旅行者は推して知るべしだ。これは何とかしなければ[注1]」

こうしてアメックスは、トラベラーズチェックを考案するに至ったのである。

さらにそれだけでなく、これを土台に、素晴らしい物語に不可欠な要素——緻密な人物描写、説得力あふれる動機、価値を見抜く洞察力をもって生み出された構想——をすべて兼ね備えた健全なビジネスモデルを開発した。

この物語は、たちどころに利用者の心に響いた。少々の手数料を支払うだけで、「安心」（トラベラーズチェックは紛失や盗難に保険がかけられている）と「利便性」（世界のどこでも受け取ってもらえる）を買うことができたからだ。

この物語の中では、小売店主も重要な役回りを演じた。彼らは万国共通の小切手ともいうべきアメックスの名前を信用し、トラベラーズチェックを快く受け取ったからである。

小売店主にしても、トラベラーズチェックを受け付けることは顧客の獲得につながった。そして、このような店が増えれば増えるほど、他の店も流れに乗り遅れまいとする。

これはアメックスにしても、リスクのないビジネスであることがはっきりした。なぜなら、利用客はトラベラーズチェックを発行してもらうために、必ず現金を支払うからである。

実は、トラベラーズチェックの物語には一つの仕掛けがある。その根底にある経済原理によって、誰も気がつかなかった金融取引がマネーマシンへと様変わりしたのだ。その秘密は「フロート」（小切手の発行から現金の引き出しまでの期間）である。

ほとんどのビジネスでは、コストが売上げよりも先に発生する。誰かに製品を買ってもらう前には、まずはそれを生産し、そのためのコストを負担しなければならない。

しかし、トラベラーズチェックは、このような負債とリスクのサイクルを逆転させている。利用者はトラベラーズチェックを使う前（それもたいていはかなり前である）に現金を支払うため、アメックスは顧客から無利子ローン同然の資金を手にできるのだ。これこそ銀行を長らく潤わせてきたものにほかならない。おまけに現金化されずに終わるものもあるため、さらに潤うという仕組みである。

このケースからもわかるように、成功を収めるビジネスモデルは、既存のビジネスモデルを超えた何かを備えている。たとえば、まったく種類の違う顧客グループにいま以上の価値を提供する、古い方法を一新させて新たなスタンダードを確立するなどだ。とはいえ、そのスタンダードもいずれは次代の起業家に打ち破られることになるのだが――。

今日、小切手を鞄に詰め込んで休暇に出かける人など一人もいない。ファーゴのビジネスモデルは、旅の経済学というゲームのルールを変えたのだ。

トラベラーズチェックは、現金を盗まれる不安や見知らぬ土地で現金を手にするまでの時間を解消してくれる。おかげで旅行の大きな障害が取り除かれ、多くの人が気軽に旅に出られるようになった。真に有効なビジネスモデルはどれもそうだが、このモデルも単に既存の売上げを企業間で再配分したものではない。まったく新しい、しかも着実に増え続ける需要を創出したのだ。

実に数十年にわたり、国外に金を持ち出すならトラベラーズチェックというのが常識だった。ＡＴＭ機という一段上の利便性を備えた新技術が出現し、これに取って代わるまでは――。

クーポンブックの成功物語

このように、新しいビジネスモデルをつくり上げることは、新しい物語を書き上げるようなものだ。ただいくら新規性に富んだ物語もどこかしら過去の物語に通じるところがあり、人間のあらゆる経験に根差している普遍的なテーマを焼き直したものといえる。

同様に新しいビジネスモデルも、あらゆるビジネスのプラットフォームになる、ごく一般的なバリューチェーンの変化形なのだ。

大ざっぱに言うと、これは2つの部分に分けられる。一つは物をつくることに関わる活動、すなわち設計や原料の調達、製造などである。もう一つは物を売ることに関わる活動、すなわち顧客の絞り込み、売り込み、売買の成立、製品やサービスの提供などである。

新しいビジネスモデルを構想する場合、トラベラーズチェックのケースのように、満たされていないニーズに応える新製品の設計がテーマになることもあれば、プロセス・イノベーション、すなわちすでに価値が決まっている製品やサービスの営業や販売方法についての改善が中心となることもある。

後者の例として、ダイレクトマーケティングの先駆者マイケル・ブローナーのごく単純なビジネスについて見てみたい。これは、彼がボストン大学3年生の頃に考え付いたものだ。

当時ブローナーやそのクラスメイトたちは、地元の店やレストランの割引クーポンが束になっているクーポンブックを購入していた。そして、クーポンブックはとても安い値段で売られていた。

しかし、ブローナーはもっとよいアイデアを思い付いた。クーポンブックはたしかに学生にとって価値があるが、店主にとってもっと価値があるのではないか。何しろピザや散髪の売上げが伸びれば、その儲けを手にするのは彼らなのだから。

ブローナーは、このような潜在価値を引き出すには、クーポンブックを広い範囲で販売すればよいと考えた。そう、ボストン大学の全学生を相手にすればよいのだ。

ただし、これには2つの問題点があった。第1に、知っての通り学生は概して金欠病だ。ただしこの点は、無料で配れば解決するだろう。しかし第2に、利益を割り込まない程度のコストで、学生にクーポンブックを行き渡らせなければならない。

そこでブローナーは、学生部長にうまい提案をした。自分がクーポンブックを用意して持ち込むから、キャンパス内の全学生寮に無料で配布してもらえないだろうか。そうすれば、学生たち――多少のことでは喜ばない、一筋縄ではいかない連中――にも学生部の魅力が増すに違いない。学生部長はこの提案に同意した。

これで彼は、大学周辺の商店主たちに、いちだんと魅力的なアイデアを提供できるようになった。「少額の手数料を払ってくれれば、新しいクーポンブックに載せましょう。これはボストン大学の寮生1万4000人に配られますよ」というわけだ。

ブローナーのアイデアは大ヒットした。ほどなく事業は他のキャンパス、続いてダウンタウンのオフィスビルにまで拡大した。こうして彼の最初の会社イースタン・エクスクルーシブズが誕生した。

彼がイノベーションを起こしたのは、クーポンブックではなくビジネスモデルである。そしてこのモデルがうまくいったのは、学生、商店主、学校当局者といった関係者のモチベーションを、彼が鋭く見抜いていたからにほかならない。

ビジネスモデルはシミュレーションできる

ビジネスモデルという言葉が、広く人口に膾炙したのは、ＰＣとスプレッドシートの登場にそのきっかけがある。

このタイプのソフトウェアが登場するまで、事業計画とは、多くの場合、単一のシミュレーションにすぎず、せいぜい予測値の感度分析を多少算定するくらいだった。

だが、スプレッドシートなら主要項目を別々に取り出して、構成要素や下位の構成要素を分析したりテストしたりできるので、はるかに分析的なアプローチによって事業計画が立案可能である。みずからのビジネスが拠って立つ重要な前提について「もしこうなったら」と質問することもできる。

たとえば、「顧客が、予想以上に価格感度が高かった場合、どうなるだろうか」という質問を設定し、何回かキーボードを操作すれば、価格感度が少し変わっただけで、当該事業のさまざまな面にどのような影響が及ぼされるのかがわかる。つまり、反応パターンをモデル化できるわけだ。

これは、極めて革命的なことである。ＰＣが事業計画の性格を一変させるまでは、成功したビジネスモデルのほとんどは――ファーゴの例を含め――その設計や先見性よりも偶然の産物であり、モデル自体がはっきりするのも、実際に事業を始めてみないとわからなかった。

スプレッドシートのおかげで、市場を読む力と数字とを緊密に結び付けられるようになり（すなわち顧客の行動パターンに関する仮説を予測売上げと関連付ける）、事業を始める前にモデル化できるようになった。

ただし言うまでもなく、スプレッドシートは前提条件にあくまで忠実に従うものだ。いったん事業が始まると、購買動機や損益といったビジネスモデルの基本的前提は市場の絶え間ない試練にさらされる。そうなると、トップマネジメントが事業を進めながら、モデルを微調整あるいは全面修正できるかどうかが成否の決め手になりやすい。

1992年、ユーロ・ディズニーがパリにオープンした時の例を見てみよう。ユーロ・ディズニーのビジネスモデルは、米国で大成功を収めたディズニーランドから拝借したものだ。

皮算用では、欧州の人々が一回の来園で食事、乗り物、おみやげに使う時間と金は、米国人とほぼ同じくらいだろうと見込まれていた。しかし、売上げに関する限り、思惑はことごとく外れてしまった。たとえば、米国人は園内のあちこちにあるレストランで一日に何度も軽食を取るが、欧州の人々にそのような習慣はない。誰もが決まって、同じ時間にちゃんとした食事を取りたがる。このためレストランはごった返し、外にはいら立つ顧客の長い行列ができた。

このような見込み違いが重なり、ユーロ・ディズニーの最初の数年間は惨憺たるありさまだった。借り物のビジネスモデルを構成する各要素に一つずつ修正を加え、どうにか成功にたどり着いたのである。

マネジャーが、事業体系全体がどのように機能するのかを示すビジネスモデルを起点に、事業を意図的に運営するならば、あらゆる決定や発案、リサーチが有意義なフィードバックをもたらすこととなろう。

利益はもちろん重要だが、その理由は金銭価値のみにあるのではなく、ビジネスモデルがうまく機能しているかどうかを示す指標となるからでもある。期待していた結果が得られない時は、ユーロ・ディズニーを見習ってモデルを見直さなければならない。

この意味でビジネスモデルの構築とは、経営における「サイエンス」ともいえるだろう。まずは仮説から出発し、実験によって検証し、必要に応じて修正するという手順である。

ストーリーテストとナンバーテスト

失敗するビジネスモデルは「ストーリーテスト」（話の筋道が通っているか）か、「ナンバーテスト」（収支が合っているか）のどちらかに合格しない。

たとえば、インターネット食品小売業のビジネスモデルは、ナンバーテストに不合格だった。そもそも食品小売事業というものは薄利である。しかもウェブバンのような新規参入のオンライン事業者には、マーケティング、サービス、配送、技術などに新たなコストが発生する。顧客は在来店舗より割高の品物に金を支払う気など毛頭ないため、損益が合わない。

インターネット食品小売業には数多くの企業が存在していたが、eコマース初期の多くのベンチャーは軒並み失敗に終わった。ごく基本的な収支計算に欠陥があったのが原因である。

一方、ストーリーテストに不合格のビジネスモデルもある。ここではプライスライン・ウェブハウス・クラブ（ウェブハウス）の束の間の成功と、ほどなく訪れた失敗について考えてみよう。

これは、航空券の逆オークションで名高いプライスライン・ドットコムから派生した事業である。歓喜する市場に持ち上げられ、気をよくしたCEOのジェイ・ウォーカーは、プライスライン・ドットコムのコンセプトを食品やガソリンにも応用しようと考えた。

彼の考え付いたビジネスストーリーはこうである。まず、何百万ものユーザーに、たとえばピーナッツバター一瓶にいくら出す気があるのか、ウェブ経由で指し値を出してもらう。ただし、価格は指定できても、ブランドまでは指定できない。つまり、「ジフ」が届くかもしれないし、「スキッピー」が届くかもしれない。

次に、ウェブハウスは全数を取りまとめ、プロクター・アンド・ギャンブル（P&G）やベストフーズと交渉する。「50セント値引きしてくれるなら、今週中にピーナッツバター100万個を注文しましょう」といった風にだ。つまりウェブハウスは、多数の個人客を束ねる強力なブローカーになろうとしたわけである。

何百万人もの買い物客を代表して値引交渉し、安値を引き出し、これに対して手数料を頂戴する仕組みである。この筋書きのどこが間違っていたのだろうか。ウォーカーのシナリオでは、P&Gやキンバリー・クラーク、エクソンといった企業が、このゲームに乗ってくることが前提だった。

落ち着いて考えてみてほしい。消費者向け製品を扱う大企業は、何十年もかけ、何十億ドルも注ぎ込んで、ブランドロイヤルティを築いてきた。しかし、ウェブハウスのビジネスモデルは、消費者に「価格で製品を決めろ」と勧めているのである。

だとすると、値段を下げるのみならず、懸命に努力を重ねて築き上げてきたブランドアイデンティティを台無しにしかねないビジネスモデルに、力を貸そうと思うメーカーがいるだろうか。もちろんいやしない。このシナリオは成立しないのである。

ウェブハウスは強力なブローカーになるために、ロイヤルティの高い顧客を大量に抱える必要があった。そのためにまず値引きを提供しなければならなかった。メーカー側が値引きに応じてくれないとなれば、ウェブハウスが自腹を切るよりほかはない。

同社は数百万ドルを払い出した後、２０００年10月にはキャッシュは底を尽き、頼みの綱だった投資家の支持すらも失ってしまった。

欠陥ビジネスモデルはネットベンチャーの専売特許だと揶揄する向きもあるかもしれない。しかし、けっしてそんなことはない。我々は、金の卵を産まないアイデアはとかく忘れがちだが、産業史にはそのようなアイデアの残骸が数多く刻まれている。

１９８０年代、ワンストップの「金融スーパーマーケット」というビジネスモデルが、多くの経営幹部の想像力を刺激した。しかし、たとえばシアーズは電動工具と年金を一緒に買おうと思う顧客などめったにいないことに気づいただけだった。

１９９０年代では、シリコン・グラフィックスが双方向テレビに数億ドルを投資した。しかし、発明者に劣らぬ熱意でこの技術に惚れ込んでくれる顧客を見つけることは、ついにかなわなかった。

このようなビジネスモデルが失敗に終わるのは、顧客行動に関する誤った仮説に基づいているからだ。詰まるところ、答えが先にあって、後から問題を探すような類のものだったといえるだろう。

これらの失敗例は、裏を返せば、ビジネスモデルを正しく機能させる時、マネジャーは否応なしに事業を厳格かつ精緻に審査しなければならないことを意味している。

ビジネスモデルがプランニングツールとして優れているのは「すべての構成要素が、全体としてどのように機能するか」に注意を集中させるからだ。インターネットが過熱気味の時期でさえ、ビジネスモデル思考の基本を理解していたマネジャーたちが勝ち組の位置を占めていたのも不思議ではない。

たとえば、設立初期にイーベイに加わったメグ・ホイットマンは、その理由を、彼女自身が「イーベイ・ユーザーとサイトとのエモーショナルな結び付き」(注2)に心を動かされたからだと説明している。たしかにユーザーの行動様式こそ、イーベイというブランドの潜在性を示す先行指標だった。

また彼女は、イーベイが多くの新参インターネット事業と違って「オフラインでは不可能な事業」であることにも気づいていた。別の言い方をすれば、目の肥えたマネジャーだった彼女は、イーベイが高収益事業に成長する可能性ばかりか、そこに筋の通った論理と説得力を見出していたのである。

ホイットマンは、何かをコレクションしている人、特価品あさりが好きな人、気の合う仲間を探している人、ちょっとした儲け仕事をしたい人を集めるために、心理面や経済面で工夫した。

イーベイのオークションモデルが成功したのは、大量の買い手と売り手を結び付けるコストがインターネットによって圧縮されたからだけではない。仲介する領域を厳選し、その結果として健全なコスト構造ができ上がったからでもある。

オークションが成立すると、イーベイは決済や納品といったロジスティックスの部分を売り手と買い手に任せてしまう。同社が商品を所有したり在庫に抱えたりすることはいっさいない。このため輸送コストはかからず、信用リスクも発生しない。そのうえ、これらの業務に伴う人手も不要である。

ビジネスモデルと戦略は異なる

持続する組織とは——創設者や経営者が意識していようがいまいが——必ず健全なビジネスモデルの上に成り立っているものだ。

現在、ビジネスモデルと戦略はしばしば混同されているが、けっして同じではない。ビジネスモデルとは、事業というパズルの各片がどのように組み合わさるのかを一つの体系として説明するものである。

しかしここには、売上げを左右する極めて重要な要素の一つが織り込まれていない。その要素とは「競争」である。遅かれ早かれ（今日では早いことが多いが）、どんな企業も必ず競争に巻き込まれる。このような現実に対処するのが「戦略」の役割だ。

競争戦略とは、どうしたらライバルよりも優位に立てるかを説明するものである。そのために、当然ながら相手と同じ戦略を立てていてはだめだ。企業が優れた成果を上げられるのは、独自性を備えている時、他社に真似できない方法で他社とは違うことを成し遂げる時である。

小難しい経営用語をすべて削ぎ落とした時、戦略の必要性が見えてくる。それは差別性を活かして、ライバルより優位に立つことに尽きる。実に単刀直入な理屈ではないか。

あらゆる企業が同じ製品やサービスを、同じ顧客に、同じ手法で提供していたら、どの企業も儲けることはできない。熾烈な直接対決の中、適正な利益が確保できなくなるまで価格が引き下げられる間、少なくとも短期的には顧客のほうが得をする。

インターネット小売業が演じたのはまさにこのような競争――マイケル・ポーターの言葉を借りるなら「破滅的競争」――だった。扱う製品がペット用品であれ、医薬品であれ、玩具であれ、内実は大同小異である。あまりに多くの新興企業が、まったく同じビジネスモデルを引っ提げて市場に殺到したのだった。

どのような顧客、どのような市場をターゲットにするのか、どのような製品やサービスを提供するのか、どのような価値を創出するのか。これらの点で差別化を図る戦略を、彼らはいっさい持っていなかった。

サム・ウォルトンは戦略を描いた

戦略とビジネスモデルの違いを知りたいと思えば、ウォルマートのケースが一番手っ取り早い。読者諸氏は、この巨大な小売企業が成功したのは、何か新しいビジネスモデルを開発したからだと思うかもしれない。

しかし事実は違う。1962年にサム・ウォルトンが、ウォルマート1号店をアーカンソー州ロジャーズの村で開店した頃には、ディスカウント小売業のビジネスモデルは何年も前からあちらこちらに出現していた。

最初に登場したのは1950年代半ばのことで、先駆者たち——彼らの名前は、忘れ去られて久しい——が食品以外の一般雑貨にもスーパーマーケットの商法を応用したのが始まりである。すでにスーパーマーケットは1930年代に出現しており、きめ細かい接客の代わりに安価な食品を提供し、この商法は消費者の間にすっかり浸透していた。

新規参入の小売企業は、このスーパーマーケットの方法が、衣料品や家電などさまざまな消費財に応用できるのではないかと考え始める。コストを切り詰めて、従来のデパートよりも安価で商品を提供しようという発想だ。

こうしてディスカウント小売業のビジネスモデルが形成されていった。第1に、デパートの物理的な快適さ、たとえば絨毯やシャンデリアをやめる。第2に、大量の買い物客を効率的にさばけるようなレイアウトにする。第3に店員の数を減らし、買い物は顧客みずからの手でやってもらうようにする。これらをうまく組み合わせれば商品を安く提供でき、しかも利益を上げられるはずだった。

ウォルトンは、新しいディスカウントストアの噂を聞き、いくつか実際に出向いて、その可能性に目をつけた。そして、1962年に自分の店を開くことを決意する。Kマートをはじめとする先行者のモデルから、多くのアイデアを拝借して事業を始めた。

ただし、彼は違う方法を選び、基本となるビジネスモデルに独自色を加える。だからこそウォルマートは、あのように伝説的な成功を収めるに至ったのだ。ビジネスモデルはＫマートと同じでも、戦略まで同じではなかった。

たとえば、ウォルトンは設立当初から、他店と異なる顧客層、異なる市場をターゲットに選んでいる。1962年当時の10大ディスカウントストアはすべて姿を消してしまったが、これらの店はすべてニューヨークのような大都市に狙いを定めていた。

しかし、ウォルトンが掲げるウォルマートのキー・ストラテジーは「誰も相手にしないようなちっぽけな町に、手頃な規模の店を開く」ことだった。(注3) 彼は、人口5000〜2万5000人くらいで、ロジャーズのような孤立した過疎の町を探した。

自身が田舎町で育ったウォルトンは、そのような小さな町の事情に明るい。一番近い都市まで、車で4時間も離れているような町や村である。だから自分の町にあるショッピングセンターの価格が、都会のそれと同等かやや安いならば、みんな地元で買うようになるはずだと。そして、彼のこの読みは的中する。そのうえ、ウォルマートが狙った市場は大手小売企業が新規参入するには小さすぎたので、競合の機先を制し、縄張りへの侵入を阻むことができた。

ウォルマートでは、マーチャンダイジングやプライシングも競合他社と同じではない。同社が顧客に約束するのは違う性質の価値である。自社開発品やセカンドブランドの構築、値引き合戦などを多用する競合他社を尻目に、ウォルマートは全国規模のいわゆるナショナルブランドを毎日安価に提供すると謳ったのだ。

「エブリデイ・ロー・プライス」という宣言を単なるスローガンに終わらせないために、資材調達、ロジスティックス、情報管理などの分野で革新的な実験を繰り返し実行し、効率を追求し、コストを切り詰めた。

ディスカウント小売業のビジネスモデルは1950年代に登場して以来、多くの参入者を集めてきたが、その大半が敗退している。ウォルマートやターゲットなど生き残った数社が、長期間実績を上げてこられたのは、戦略面で他社との差別化を図ったからだ。

ウォルマートは、慎重に選別した顧客基盤を整え、そこにブランド品を安価に提供した。ターゲットはスタイルやファッションという一味違った価値を土台に戦略を確立した。

一方、負け組になった企業——たとえばKマートのような慢性的な経営不振企業——は、あらゆる商品をあらゆる顧客に総花的に提供しようとした。これらの企業は、競争に勝つ青写真を描くのに失敗したのである。

マイケル・デルはビジネスモデルを構築した

ビジネスモデルと戦略の関係をより明らかにする例をもう一つ紹介しよう。デルコンピュータのケースである。

サム・ウォルトンとは違い、マイケル・デルは正真正銘ビジネスモデルの先駆者だった。彼がつくり上げたビジネスモデルは、いまやあまりにも有名だ。他の競合他社が小売店経由でＰＣを販売している時、デルはエンドユーザーに直販したのである。

デルはこの方式によって、バリューチェーンのリンク――これは高コストであった――を切り離しただけでなく、在庫管理に必要な情報を競合他社以上に深く理解できるようになった。イノベーションのスピードがひときわ速い業界にあって、在庫管理で一歩抜きん出られれば、陳腐化を回避できる。一方、他のメーカーは陳腐化のコストをかぶらざるをえない。デルはこの画期的なビジネスモデルで武装することで、10年以上にわたってライバルを圧倒し続けている。

この場合、デルのビジネスモデルは戦略と同じように機能している。ビジネスモデルのおかげで、他社には真似できない方法で事業を展開できたからである。

仮に競合他社が直販を試みれば、既存の流通チャネルを妨害することになり、それまでさんざん頼ってきた小売店と対決してしまう。彼らは既存戦略に手足を縛られ、デルの真似をすれば破滅、しなくても窮地に陥る結果となった。

新しいビジネスモデルが業界の収益モデルを変え、しかもそれが模倣不可能だとすれば、そのビジネスモデル自体が強力な競争優位を形成する。

ここで、デルに関して見落とされがちなことが一つある。それは、同社の華々しい業績に、まさしく戦略が寄与してきたことである。

直販モデルでバリューチェーンの何を重視し、何を切り捨てるかを明確にしても、さらに重要な戦略的選択を実行し、どの顧客をターゲットにして、どのような製品やサービスを提供するかを決定しなければならない。

1990年代、一般のPCメーカーは一般家庭に照準を合わせていたが、デルはあえて法人市場を選んだ。そのほうが、ずっと利益率が高かったからである。

また、ほかのメーカーがエントリーユーザーにローエンドの製品を薦めたのに対して、マイケル・デルは儲けの出ない商売には食指を動かさなかった。高性能で高利益率のPCに的を絞ったのである。

このような直販方式を通じて、顧客ニーズを詳しく分析できたおかげで、デルの平均販売単価は、業界全体が下落傾向にある時でも上昇基調を維持していた。2台目、3台目の購入を考え、より高性能な製品を求めているが、アフターケアはさほど必要でないという顧客――必ずしもデルのターゲット層ではなかったが――もデルに集まってきたのだろう。

1997年、個人向け事業は10億ドル規模に達し、ついに黒字に転じた。そして初めてデルは個人消費者向けセグメント専門の事業部を設置する。その頃には、どのメーカーも直販方式を採り入れていたため、デルの戦略は新たな競争環境に対応すべく修正された。

10年にわたり業界トップの座を確保し、直販モデルで業界随一であるデルの武器は低コスト体質である。そこでデルは、コスト面の優位性を活かして価格競争に打って出て、シェアを獲得し、体力のないメーカーを市場から退出させた。同時にコアとなっているビジネスモデルを活用し、新規市場への参入機会もうかがう。たとえば、PCより高収益が見込めるサーバー市場などである。

基本となるビジネスモデルは不変である。どこにそのモデルを適用するか――どの国、どの地域、あるいはどのセグメント、どの顧客層、あるいはどの製品――の戦略的選択が変化するだけである。

デルのビジネスモデルの明快さは、社員のモチベーションやコミュニケーションという面でも副産物をもたらした。ビジネスモデルとは優れた物語であるがゆえ、会社が創出したい価値を核にして、組織の全メンバーを一致団結させることができる。

物語は人の心をつかみやすく、また心に残りやすい。それゆえ社員たちは、会社が紡ぎ出す壮大な物語の中にみずからの仕事を見出し、みずからの行動をそれに適応させることができる。このようにうまく作用すれば、優れたビジネスモデルは強力な業務改善ツールにもなりうるのだ。

正しい定義なくして真の成功なし

ビジネスモデルと戦略は、とりわけ無造作に用いられている経営用語である。場合によっては、拡大解釈された挙げ句、牽強付会になっているケースすらある。

しかし、デルやウォルマートのケースを見ればわかるように、ビジネスモデルや戦略コンセプトは実践的な価値に富んでいる。

たしかに、抽象表現を明確に区別しようとすると、恣意的な要素が入り込む危険性がないわけではない。しかしどこかで線を引かない限り、これらのコンセプトは曖昧になり、結局活かし切れないままに終わってしまうだろう。

定義は事象を明らかにする。企業業績に極めて重要な役割を果たすこの2つのコンセプトが明快になれば、どんな企業もファジーな思考から抜け出せるに違いない。

【注】

（１）James C. Collins and Jerry I. Porras, *Built to Last: Successful Habits of Visionary Companies*, HarperCollins, 1994.（邦訳『ビジョナリーカンパニー』日経ＢＰ社、１９９５年）より。

（２）"Meg Whitman at eBay Inc.(A)," HBS case no. 9-400-035.より。

（３）"Wal-Mart Stores, Inc.," HBS case no. 9-794-024.より。

第**2**章

ビジネスモデル・イノベーションの原則

イノサイト 共同創設者兼会長
マーク W. ジョンソン
ハーバード・ビジネス・スクール 教授
クレイトン M. クリステンセン
SAP CEO
ヘニング・カガーマン

"Reinventing Your Business Model"
Harvard Business Review, December 2008.
邦訳「ビジネスモデル・イノベーションの原則」
『DIAMONDハーバード・ビジネス・レビュー』2009年4月月号

マーク W. ジョンソン
(Mark W. Johnson)
2000年に設立したイノベーションおよび戦略コンサルティング会社、イノサイト共同創設者兼会長。近刊の共著書に *Seizing the White Space: Business Model Innovation for Transformative Growth and Renewal*, Harvard Business School Press, 2009.（邦訳『ホワイトスペース戦略』CCCメディアハウス、2011年）がある。

クレイトン M. クリステンセン
(Clayton M. Christensen)
ハーバード・ビジネス・スクールのロバート・アンド・ジェーン・シジック記念講座教授。専門は経営管理論。イノサイトの共同創設者。

ヘニング・カガーマン
(Henning Kagermann)
ドイツのバルドルフに本社を置くSAPのCEO。

ビジネスモデル・イノベーションの破壊力

アップルは2003年、iTunesミュージックストアとiPodを発表し、携帯型エンタテインメントに革命を起こして新市場を創造するだけでなく、企業に変革を起こした。

それからわずか3年のうちに、iPodとiTunesの組み合わせは100億ドルに迫る商品となり、いまではアップルの売上げのほぼ半分を占めるようになった。また同社の時価総額は、2003年初めには10億ドルだったが、2007年末には1500億ドルを超えた。

ここまでは、誰もが知っているサクセスストーリーである。しかし、デジタル音楽プレーヤーを最初に世に送り出したのはアップルではないことは、あまり知られていない。

ダイアモンド・マルチメディア・システムズという企業は1998年、リオを発売した。また、ベスト・データ・プロダクツという別の企業が、2000年にカボ64を発売している。どちらも優れた性能を備えた、スタイリッシュな携帯音楽プレーヤーであった。では、なぜリオやカボ64ではなく、iPodが成功したのだろうか。

アップルは、しゃれたデザインで先端技術を商品化しただけではない。優れたビジネスモデルに先端技術を組み入れたのである。アップルが成し遂げた真のイノベーションは、音楽のダウンロードを簡単かつ便利にしたことである。そのために、ハードウェア、ソフトウェア、サービスの三位一体という、これまでにないビジネスモデルを構築した。

これは、かの有名なジレットの「かみそりと替え刃」モデルの逆を行くものだった。つまり、「替え刃」すなわち楽曲をiTunesで安価に配布することにより、「かみそり」すなわち利益率の高いiPodの購買客を囲い込んだのである。このビジネスモデルは、新しい方法によって価値が再定義され、ゲームのルールを変えてしまうような利便性を消費者にもたらした。

ビジネスモデルのイノベーションが起こると、産業構造全体が変わり、数百億ドルの価値が再配分される。

ウォルマートやターゲットといったディスカウント小売チェーンは、草分けといえるビジネスモデルによって市場に参入し、いまでは小売業界全体の時価総額の75％を占める。米国の格安航空会社は、レーダーに映る小さな影のような存在から、航空業界全体の時価総額の55％を占めるまでに成長した。

過去25年以内に設立され、これまでの10年間にフォーチュン500入りを果たした27社のうち11社は、ビジネスモデルのイノベーションを通じて、成長を遂げてきた。

とはいえ、アップルのような大企業がビジネスモデル・イノベーションを成功させたという例は珍しい。現存する企業が過去10年に起こした大きなイノベーションを分析したところ、ビジネスモデル関連のものはわずかしかなかった。

アメリカン・マネジメント・アソシエーション（AMA）による最近の調査では、グローバル企業のイノベーション投資のうち、新しいビジネスモデルの開発に焦点を当てたものは1割に満たないことがわかった。

それでも、ビジネスモデル・イノベーションの重要性は十分理解されている。エコノミスト・インテリジェンス・ユニットが2005年に実施した調査では、半数以上の経営者が、成功の条件としてビジネスモデル・イノベーションが製品やサービスのイノベーションよりもますます重要になるだろうと回答している。

2008年にIBMがCEOを対象に実施した調査でも、同様の結果が出ている。調査対象となったCEOのほとんどが、環境の変化に応じてビジネスモデルを変更する必要性を感じており、3分の2以上が大幅な改革が必要であると述べている。現在の厳しい経済環境にもかかわらず、市場環境の構造転換に対応するためにビジネスモデル・イノベーションを模索しているCEOもいた。

しかし、シニアマネジャーが現実に直面する問題となると、話は別である。調査によれば、ビジネスモデル・イノベーションによって新たな成長を成し遂げるには、2つの難問があることが明らかになっている。

1つ目は、定義されていないことにある。ビジネスモデルを開発する際の力学やプロセスに関する研究はほとんどなされてこなかった。

2つ目は、開発の前提条件、そこに働く相互依存性、強みや限界など、既存のビジネスモデルを十分理解している企業がほとんどないことである。したがって、どのような場合にコア事業を活用し、またどのような場合に新しいビジネスモデルが成功条件となるのかは判然としない。

数十社の企業と一緒に、これらの問題に取り組んでいるうち、新しいビジネスモデルは開発された当初、社内外のステークホルダーの目には魅力的に映っていない場合が多いことがわかってきた。

これまでの限界は何であり、どこからが新たな挑戦となるのか、それを理解するには、ロードマップが必要である。筆者らが描いたロードマップは、次の3つのステップから成る。

まず、ビジネスモデルを考えないことが成功への糸口となる。つまり、何らかのニーズを抱えている真の顧客を満足させるチャンスは何かを考えることが成功につながる。次に、そのニーズを満たすことによって利益を生み出す方法の青写真を描く。筆者らのモデルでは、この青写真は4つの要素で構成される。

最後に、新しいビジネスモデルと既存のビジネスモデルを比べて、チャンスをとらえるにはどのような改革が必要なのかを考える。これらのステップをたどれば、既存のビジネスモデルと組織を活用できるのか、あるいは新規部門を立ち上げ、新しいビジネスモデルを実行する必要があるのかが見えてくる。

これらのことを理解しているかどうかはともかく、成功企業は効果的なビジネスモデルを通じて真の顧客ニーズに応えている。

ビジネスモデルを定義する

筆者らの考えるビジネスモデルとは、互いに関連し合う4つの要素から成り立っており、これらによって価値が創造され、提供される（**図表2-1**「ビジネスモデルを成功させる4要因」を参照）。そして、ビジネスモデルを正しく理解するうえで最も重要なのは、1番目の要素である。

顧客価値の提供（CVP）

- **ターゲット顧客**
- **解決すべきジョブ**：ターゲット顧客が抱えている重要なニーズ、あるいは重要な問題に対処する。
- **提供するもの**：問題を解決するもの、あるいはニーズを満たすもの。この場合、何を提供するかだけでなく、どのように提供するかも含まれる。

カギとなるプロセス

利益を生み出すCVPは、ルール、評価指標、最低基準などと同じく、再現性と拡張性がある。これには、次のものが含まれる。

- **プロセス**：設計、製品開発、調達、製造、マーケティング、採用と研修、IT
- **ルールと評価基準**：投資、信用条件、リードタイム、サプライヤーとの取引条件
- **最低基準**：そのビジネスチャンスは、投資を回収できるだけの規模があるか、また顧客と流通チャネルにちゃんとアプローチできるか。

図表**2-1**｜**ビジネスモデルを成功させる4要因**

成功を収めている企業はもれなく、効果的なビジネスモデルに従って経営されている。すべての構成要素を体系的に特定することで、そのビジネスモデルがどのような資源やプロセスによって、どのような潜在的なCVPを満たし、どのように利益を生み出しているのかがわかる。

この理解の下、このビジネスモデルを導入すると、従来とはまったく異なるCVPをどれくらい満たせるのかが判断できる。またそのチャンスを活用するうえで、もし必要ならば、新しいビジネスモデルを構築するには何が必要かを判断する。

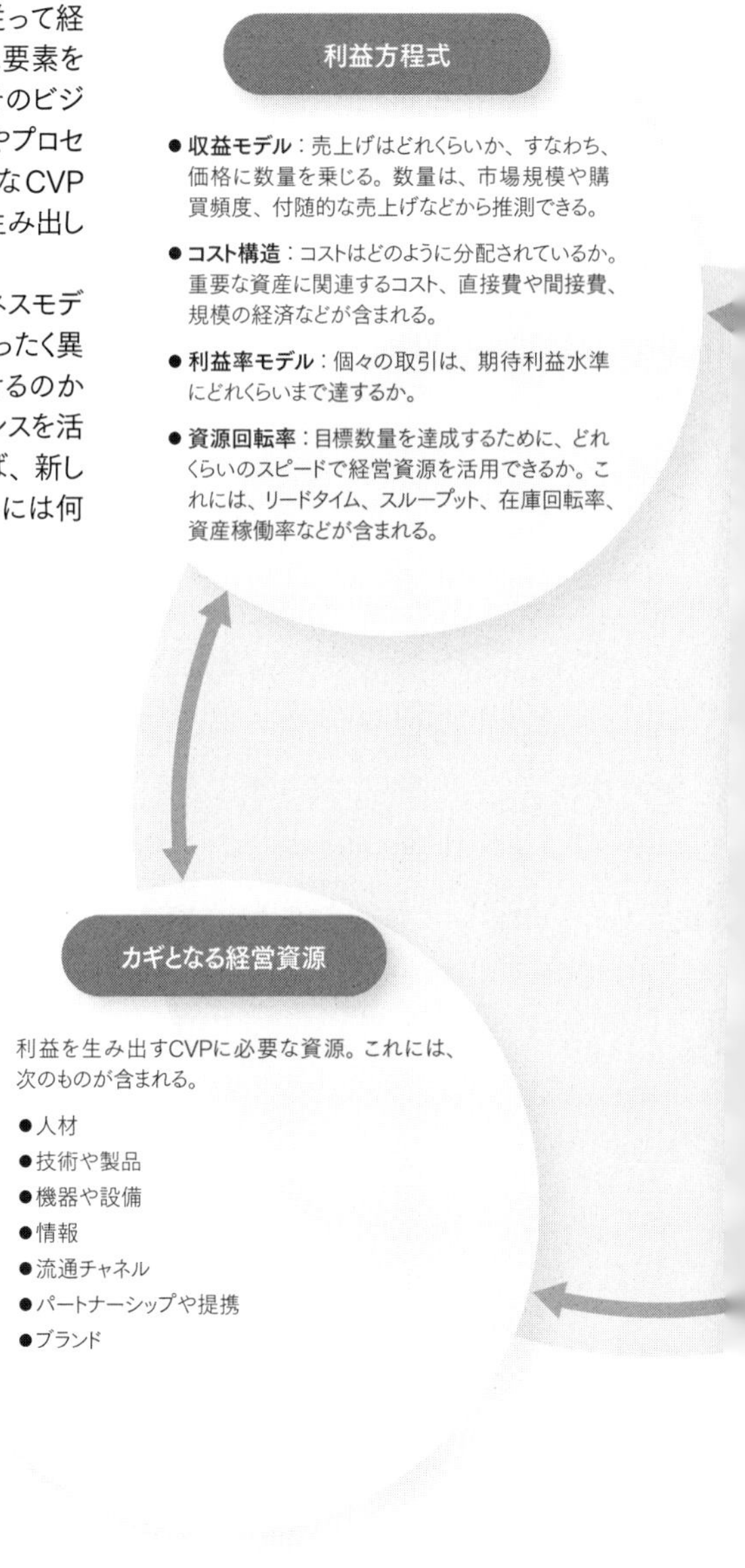

利益方程式
● 収益モデル：売上げはどれくらいか、すなわち、価格に数量を乗じる。数量は、市場規模や購買頻度、付随的な売上げなどから推測できる。
● コスト構造：コストはどのように分配されているか。重要な資産に関連するコスト、直接費や間接費、規模の経済などが含まれる。
● 利益率モデル：個々の取引は、期待利益水準にどれくらいまで達するか。
● 資源回転率：目標数量を達成するために、どれくらいのスピードで経営資源を活用できるか。これには、リードタイム、スループット、在庫回転率、資産稼働率などが含まれる。
カギとなる経営資源
利益を生み出すCVPに必要な資源。これには、次のものが含まれる。
●人材
●技術や製品
●機器や設備
●情報
●流通チャネル
●パートナーシップや提携
●ブランド

❶顧客価値の提供（CVP）

成功を収めている企業は、顧客価値を創造する方法を発見した企業、つまり顧客が重要なジョブを処理する一助となる方法を見つけた企業である。筆者らが言うところのジョブとは、解決策を必要とする基本的な問題を意味する。ジョブは何か、そしてこのジョブを処理するプロセス全体を含めたジョブの全容をつかめれば、何を提案すべきか、これを企画できる。

顧客が抱えているジョブが決定的なものであればあるほど、現状の選択肢に対する顧客満足度は低くなりやすく、また提案した解決策が現状のものより優れていればいるほど——もちろん価格も低ければ低いほど——「顧客価値の提供」（CVP：customer value proposition）は高い。代替製品や代替サービスがジョブの本質を無視して設計されている場合、そのジョブを完全に、かつそのジョブだけを処理する提案を考えることができれば、CVPを創造する最高のチャンスといえる。この点については後に詳しく述べる。

❷利益方程式

利益方程式とは、どのように価値を創造するのかと同時に、どのようにその価値を顧客に提供するのかを定義する、言わば青写真である。

利益方程式は、以下のもので構成されている。

● 収益モデル：価格×売上数

●コスト構造：直接費と間接費、規模の経済。コスト構造は、そのビジネスモデルに必要とされるカギとなる経営資源のコストによって、ほぼ決まると言ってよい。

●利益率モデル：予想売上数とコスト構造を所与のものとした場合、期待利益を実現するために必要な1取引当たりの貢献度。

●資源回転率：期待売上数と期待利益を達成するには、在庫、固定資産、その他資産を、どれくらいのスピードで回転させる必要があるのか、またこれらの資源をどのように活用する必要があるのか。

利益方程式とビジネスモデルを同義に考える人が少なくない。しかし、どのように利益を生み出すかは、ビジネスモデルの一部分にすぎない。まずCVPを提供するための価格を決め、そこから逆算して変動費と粗利率を決定するとよいだろう。変動費と粗利率が決まれば、期待利益を実現するために必要な規模や資源回転率もおのずと決まってくる。

❸カギとなる経営資源

カギとなる経営資源は、ターゲット顧客へのCVPに必要な人材、技術、製品、設備や機器、流通チャネル、そしてブランドなどの資産である。ここで注目すべきは、顧客と自社に価値をもたらす「カギとなる要素」であり、またこれらをどのように結び付けるかである。なお、どんな企業にも、競合他社との差別化を生み出さない、ありふれた経営資源がある。

❹カギとなるプロセス

成功を収めている企業には、何度も再現し、かつ規模を拡大する方法によって、CVPを提供できる業務プロセスと経営プロセスが整っているものだ。カギとなるプロセスには、研修、開発、製造、予算編成、企画、営業、サービスなどがある。また、社内のルール、評価基準、最低基準なども含まれる。

いかなるビジネスにおいても、これらの4要素はその基盤といえる。CVPと利益方程式は、顧客と企業にとっての価値は何か、それぞれを定義する。カギとなる経営資源とプロセスは、この価値を顧客と企業に提供する方法を示す。

このフレームワークは一見単純だが、これら4要素の複雑な相互依存性の上に成り立っている。これら4要素のどれかに重大な変化が起これば、それが他の要素と全体に影響を及ぼす。成功事業は多かれ少なかれ、これら4要素が相互かつ補完的に結び付いた安定的なシステムを備えている。

成功するビジネスモデルを開発する

ビジネスモデルに関する筆者らのフレームワークの4要素について、わかりやすく説明するため、ゲームのルールを変えてしまうビジネスモデル・イノベーションを起こした2社を例に、その背景には何があるのかを見てみたい（**章末**「新しいビジネスモデルを構築するステップ」を参照）。

CVPを開発する

まずCVPが何かを具体的に特定できなければ、新しいビジネスモデルを開発することも、また既存のビジネスモデルを再構築することもできない。CVPは、極めて単純なことに気づいたことで生まれてくる。

雨の日にインドのムンバイの路上に立っている自分を想像してほしい。いくつものスクーターが自動車と自動車のすき間を縫いながら、危なっかしく蛇行していることに気づくだろう。

よく見れば、ほとんどのスクーターが、家族全員――両親と子どもたち何人か――を乗せている。普通なら、「何て危ない」とか、「開発途上国では当たり前だ。あるもので済ませるしかないのだから」と思うのではないか。

タタ・グループを率いるラタン・タタはこの光景を目にして、これこそ、解決されるべきジョブであると確信した。すなわち、スクーター家族に、より安全な乗り物を提供するのである。

インドで一番安い自動車でも、スクーターの最低5倍の価格はする。したがって、大半の世帯にとって自動車は高嶺の花であることは、彼にもわかっていた。経済的に手が届き、安全かつ全天候型の乗り物は、スクーター家族にとって最高のCVPであり、自動車購買層に達していない数千万世帯を開拓できる可能性があった。同時に、ラタン・タタは、タタ・モーターズのビジネスモデルでは、ここに求められる価格でこのような製品を開発できないこともわかっていた。

リヒテンシュタインに本社を置くヒルティは、土木・建築業向けに電動工具を提供しているメーカーだが、インドのような市場とは対極にある市場で、既存顧客のために解決すべき本当のジョブを再認識することになった。

建築業者は工事を完成させることで収入を得る。もし必要な工具がなかったり、うまく動かなかったりすれば、仕事にならない。また、彼らは工具を所有しても儲からない。工具をできる限り効率よく利用することで儲けることができる。

ヒルティは、工具を販売するのではなく利用してもらうことで、建築業者のジョブを解決できると気づいた。すなわち、必要な時に、最高の工具を提供したり、迅速に修理したり、取り換えたり、改良したりすることで、顧客の工具や機材を管理するサービスを月極料金で提供するのである（図表２‐２「ヒルティ：コモディティ化を回避する」を参照）。

ヒルティはこのCVPのために、工具や機材を保有・管理するフリート・マネジメント・サービスを開発しなければならなかったが、その過程で主力事業を製造からサービスへと転換させた。つまり、新しい利益方程式を編み出し、新たな経営資源とプロセスを開発することになったのである。

CVPにおいて最も重要なのは「正確さ」である。顧客が処理しなければならないジョブをどこまで正しく把握できるか、それがすべてだ。しかし、このように正確に把握するのは極めて大変である。

新機軸を打ち出そうとすると、一つのジョブに絞り込めないことが多い。さまざまなジョブに応えようとして、努力が分散してしまうのだ。あれこれ手を出しすぎると、どれ一つ身にならないものだ。

ジョブを正確にとらえたCVPを生み出す一つの方法が、ジョブの解決を阻む障壁に目を向けることだ。これは4つある。すなわち「価格」「アクセス」「スキル」、そして「時間」である。

ソフトウェアメーカーのインテュイットは、資金繰りの苦労を回避したいという中小企業オーナーた

図表**2-2**｜**ヒルティ：コモディティ化を回避する**

ヒルティは、ゲームのルールが変わるチャンスを狙って、製造業からサービス業に業態を転換したことで、収益性を拡大した。価格の下落が著しい製品を販売する代わりに、「必要な時に、必要な工具を、修理や保管の手間を省いて」提供したのである。ただし、このようなCVPの抜本的改革には、ビジネスモデルを全面的に転換させる必要があった。

	伝統的な工具メーカー	ヒルティのフリート・マネジメント・サービス
CVP	売上げは、業務用工具、建築業者用の専門工具および関連製品による。	建築業者の現場生産性を向上させるため、豊富な品揃えによって工具をリースする。
利益方程式	収益性は低く、在庫回転率は高い。	収益性はさらに高い。資産の保有、工具のメンテナンスや修理、および交換に関する料金を月極めで請求する。
カギとなる経営資源とプロセス	流通チャネル、開発途上国における低コストの生産工場、R&D	強力な直販営業、契約管理、在庫管理や修理および保管のためのITシステム

ちのニーズを満たすため、クイックブックスを発売した。インテュイットは、このとても簡単に使える会計ソフトを提供することで、彼らのジョブに応えた。こうしてスキルの障害が取り除かれ、ITにうとい中小企業オーナーたちは、これまでの複雑な会計ソフトを使わなくてよくなった。

ドラッグストア内で医療サービスを提供しているミニット・クリニックは、ちょっとした健康上の不安であれば、予約なしで看護師に相談できるようにし、医師を訪れるという時間の障壁を取り除いた。

利益方程式を編み出す

ラタン・タタは、スクーターを自動車に乗り換えさせる唯一の方法は、自動車の価格を劇的に下げ、価格の障壁をなくすことだとわかっていた。彼は「1ラーク（10万ルピー）の自動車をつくれたら、競争環境が変わるかもしれない」と考え、2500ドル程度の価格帯を目指した。この価格は、当時で一番安い自動車の半分以下だった。

もちろん、利益方程式は劇的に変わる。粗利益は大幅に低下し、大半の費目で徹底的な削減が不可欠だった。それでも、売上台数が劇的に増加すれば利益が出ることを、また潜在顧客は膨大であることを、彼は知っていた。

ヒルティにとって、契約管理へと移行することは、顧客のバランスシート上にあった資産を自社に移し替え、リースや月極レンタルによって売上げを稼ぐことにほかならなかった。月極料金を支払えば、どのような種類の工具でも即入手できるばかりか、修理やメンテナンスの必要もなくなる。

このため、利益方程式の重要項目すべてを抜本的に変える必要に迫られた。すなわち、「売上げの流れ」

（プライシング、支払サイト、そして予想数量）、「コスト構造」（売上増に伴うコストや契約管理のコストなど）、これを支える「利益率」と「取引回転率」である。

カギとなる経営資源とプロセスを特定する

顧客と事業の両方のバリュープロポジションがはっきりしたら、そのために必要なカギとなる経営資源とプロセスについて考えなければならない。

たとえば、プロフェッショナルサービス会社にとって最も重要な資源は人材であり、最も重要なプロセスは、研修や能力開発など人事業務である。消費財メーカーの場合、強力なブランドと選別された流通チャネルが最も重要な資源であり、それに関連するブランディングとチャネル管理が最も重要なプロセスといえる。

差別化をもたらす要因が、個々の経営資源やプロセスではなく、これらが一体化したものである場合も多い。ある顧客セグメントのために、そのジョブを完璧に解決するには、カギとなる経営資源やプロセスを独自の方法で統合する必要がある。これができれば、必ず持続的な競争優位を獲得できる。

ＣＶＰと利益方程式にまず焦点を当てることで、カギとなる経営資源とプロセスがどのように相互作用するのかがはっきりしてくる。

たとえば、多くの総合病院が、「すべての人にあらゆる医療を」といったＣＶＰを提供している。ただし、すべての人にあらゆるものを提供するには、専門家、機材といった資源を膨大に用意しなければならず、これらを独自の方法で組み合わせることはとうてい不可能である。その結果、差別化できないばかりか、患者には不満が残ることになる。

対照的に、CVPを特化させている病院は、みずからの経営資源とプロセスを独自の方法で統合し、患者の満足度を高めている。

デンバーにあるナショナル・ジューイッシュ・ヘルスは、特定分野のバリュープロポジションに焦点を絞っている。「呼吸器系の病気でしたら、当院をお訪ねください。我々がその原因を突き止め、効果的な治療を提供いたします」と触れ込んでいる。このように医療分野を絞り込むことで、専門家の力を引き出し、専門機器を活用できるように、両者を統合させたプロセスを開発した。

タタ・モーターズが、「ナノ」におけるCVPと利益方程式の要件を満たすには、設計や製造、流通のあり方を一から見直さなければならなかった。そこで、若手エンジニアを集めた小規模チームを組織した。若手であれば、ベテランデザイナーたちと違って、自動車業界の利益方程式に影響されたり、囚われたりすることもないと思われたからである。

このチームは、部品数を劇的に減らし、莫大なコスト削減を実現した。また、サプライヤー戦略を見直し、ナノ用のコンポーネントの85%を外注し、ベンダーの数を6割近く減らすことで、取引コストを削減し、規模の経済を働かせた。

製造ラインのもう一方では、まったく新しい手法で自動車を組み立て、流通させることが考えられていた。それは、モジュール化したコンポーネントを自社工場と外部工場のネットワークに流し、そこでBTO（受注製造）するという究極の計画であった。

ナノの場合、設計、組み立て、流通、そしてサービスのすべてが、従来の常識を覆すようなものだった。ただし、新しいビジネスモデルなくしては実現しなかった。結果が出るにはまだ時間がかかるが、ラタン・タタはこれによって、交通安全の問題も解決するかもしれない。

ヒルティにとって最大の難関だったのは、営業担当者たちにまったく新しい仕事を覚えさせることだった。フリート・マネジメント・サービスは、30分程度の商談で売り込めるものではない。何日も、何週間も、時には何カ月もかけて、顧客に商品ではなくサービスを購入するよう説得しなければならない。営業担当者たちは、現場監督や購買マネジャーとトレーラーの中で商談したりすることには慣れていたが、一転して、会議室でCEOやCFOを相手にすることになったのである。

そのうえリース事業では、顧客にぴったりのサービスパッケージを設計・開発し、月極料金について合意を取り付けるために、新たな人材、より強固なITシステム、そしてその他の新技術といった経営資源が新たに必要だった。大量の工具や機材を維持するうえで、ヒルティはそのコストを顧客以上に引き下げ、効率を高める必要があった。これには、倉庫、在庫管理システム、交換する道具の供給が不可欠である。

顧客管理の面では、現場監督者が使用中の工具すべてとその使用状況を閲覧できるウェブサイトを用意した。このような情報をすぐに閲覧できれば、監督者たちはこれらのコストを簡単に計算できる。

ビジネスモデルを開発する過程において、ルール、一般基準、評価基準はたいてい最後に登場してくる。これらの要素がどのようなものになるかは、新しい製品やサービスが市場で試されるまで、はっきりしない。だからといって、前もって決めるべきではない。ビジネスモデルはその当初、変更できるだけの柔軟性が必要だからである。

新しいビジネスモデルが必要とされる時

既存企業は、軽はずみにビジネスモデル・イノベーションに取り組んではならない。なぜなら、たいていの場合、ビジネスモデルを抜本的に変えなくとも、新製品を開発し、競合他社を出し抜けるからである。

たとえば、プロクター・アンド・ギャンブル（P&G）は、掃除用モップのスウィッファー・ダスターや消臭剤のファブリーズなどを開発し、いわゆる「破壊的な市場イノベーション」を数多く展開してきた。どちらのイノベーションも、既存のビジネスモデルと家庭用品市場における支配的な立場の上に築かれたものだ（**章末**「既存のビジネスモデルがそのまま使える場合」を参照）。

しかし、これまで以上の成長を求めるならば、未知の市場だけでなく、未知のビジネスモデルという領域にあえて踏み込まなければならない時がある。それはどのような場合か。簡単に言えば、「既存モデルの4要素すべてを刷新しなければならない時」である。

とはいえ、けっして簡単ではない。まさしく経営判断が求められる。以下のように、ビジネスモデルの改革が必要とされる5つの状況が考えられる。

❶既存のソリューションが高すぎる、あるいは複雑すぎるため、市場から完全に排斥されている膨大

な潜在顧客が抱えているニーズに、破壊的イノベーションによって対応するチャンス。タタの「ナノ」のように、新興市場において、またはボトム・オブ・ピラミッド（最下層の消費者）に向けて製品を大衆化する場合も、ここに含まれる。

❷アップルなどのMP3プレーヤーのように、目新しい技術を新しいビジネスモデルによって提供するチャンス。あるいは、軍事技術を民生分野に応用する、またはその逆など、既存技術を活用して、まったく新しい市場に参入するチャンス。

❸「解決すべきジョブ」という視点が存在しない分野に、この視点を持ち込むチャンス。製品や顧客セグメントに目が向いている業界の場合、おしなべて、既存製品の改良を繰り返し、時間の経過とともにコモディティ化していく傾向がある。ここにジョブの視点を持ち込むことで、業界の収益性を変えることができる。

たとえばフェデックスは、宅配便市場に参入した時、低価格やマーケティングで競争しようとはしなかった。その代わり、いままでより速く、より確実に荷物を受け取りたいという、それまで満たされていなかった顧客ニーズを満たすことに集中した。そのためには、カギとなる経営資源とプロセスを効率よく統合する必要があった。このように「解決すべきジョブ」に注目したビジネスモデルによって、フェデックスは大きな競争優位を獲得し、ユナイテッド・パーセル・サービス（UPS）はこれを真似るのに何年もかかった。

❹価格破壊者に対抗する必要性。かつてミニミルが超低コストで鉄鋼を生産することで、大手製鉄会社を脅かしたように、ナノが成功すれば、他の自動車メーカーの脅威となろう。

❺競争基盤の転換に対応する必要性。何が市場で受け入れられるかは、むろん時代によって異なるため、主要な市場セグメントではコモディティ化が不可避といえる。ヒルティは、ビジネスモデルを部分的に変える必要があった。製造コストがグローバルに低下したからである。つまり、「そこそこの品質」のローエンド企業が、高品質工具市場を侵食し始めていたのだ。

言うまでもなく、努力が報われるほどのチャンスであると確信できなければ、ビジネスモデルを再構築すべきではない。また、新しいだけでなく、何らかの形で業界や市場のルールを変えるようなものでなければ、新たなビジネスモデルを構築する意味がない。そうでなければ、時間とお金の無駄であろう。次の質問は、ビジネスモデル・イノベーションへの挑戦が好結果をもたらすかどうかを評価する一助となろう。以下の4つのすべてに、イエスと答えられれば、成功確率はぐんと高まる。

●焦点が絞られ、説得力のあるCVPによってジョブを解決できるか。
●できる限り効率的な方法でジョブが処理できるように、すべての要素、すなわちCVP、利益方程式、カギとなる経営資源とプロセスがうまく結び付いたビジネスモデルを構築できるか。
●自社のコア事業からの悪影響を被ることなく、新規事業立ち上げのプロセスをつくり上げられるか。
●競合他社にとって、その新しいビジネスモデルは破壊的なものか。

新規事業のために新しいビジネスモデルをつくり出すことは、必ずしも既存のビジネスモデルを脅かしたり、改革を突き付けたりするわけではない。ダウコーニングが発見したように、新しいビジネスモデルはコア事業を強化し補完することが少なくない。

ダウコーニングのザイアメター事業が成功した理由

ビジネスモデル・イノベーションが明らかに必要な場合、しかるべきビジネスモデルを構築しただけで成功が保証されるというわけではない。

新しい事業を成功させるためには、既存のビジネスモデルが、新しいビジネスモデルの価値創造活動はもとより、その成長をじゃましないよう、十分配慮しなければならない。

ダウコーニングは、新しい利益方程式によって新規事業を一から立ち上げた時、この問題に遭遇した。ダウコーニングはこれまで、数千ものシリコン関連製品を販売し、さまざまな業界向けに先端的なテクニカルサービスを提供してきた。ここ数年も、ずっと利益を伸ばしてきてはいたが、多くの製品分野では成長が鈍ってきていた。

戦略を検討したところ、決定的な問題が浮かび上がった。ローエンドの製品セグメントで、コモディティ化が起こっていたのである。顧客の大半がシリコンについてすっかり詳しくなっており、もはやテクニカルサービスを必要としていなかった。むしろ彼らが求めていたのは、低価格な汎用品であった。

この方向転換はまさしく成長のチャンスだった。ただし、ダウコーニングがこれを物にするには、より低価格の製品を提供する方法を見つけ出す必要があった。

問題は、ダウコーニングのビジネスモデルと企業文化が、革新的な高価格製品やサービスパッケージの上に成り立っていたことだった。

2002年、ローエンド顧客向けの汎用品事業に本格的に参入するため、当時のCEOゲリー・E・アンダーソンは、バイスプレジデントのジョセフ・ドナルド・シーツに命じて、新規事業を立ち上げるチームを編成させた（**図表2-3**「ダウコーニング：ローエンド市場に参入する」を参照）。

同チームは、価格重視の顧客のニーズを満たすCVPはどのようなものかを検討し、15％の値下げが必要であるという結論に達した。汎用品としては、これは大幅な値下げである。また、新しいCVPには何が必要かを分析したところ、単にテクニカルサービスを削っただけでは、とてもこの価格を実現できないこともわかった。

このように劇的な値下げを実現するには、低コスト構造に基づく利益方程式が不可欠であり、これは新しいITシステムを構築できるかどうかにかかっていた。より大量の製品をよりスピーディに販売するには、インターネットを使ってプロセスを自動化し、できる限りコスト削減しなければならなかったのである。

ルールを壊す

ダウコーニングは成熟した成功企業であり、それゆえハイタッチでCVPを提供する訓練を受けた社員ばかりだった。自動化するために、この新規事業にはこれまで以上の標準化が不可欠だった。すなわ

図表2-3｜**ダウコーニング：ローエンド市場に参入する**

ダウコーニングは長らく、高い利益率を追求してきたが、一転して、利益率の低い事業にチャンスを見出し、その事業部門を独立させた。ローエンド事業とハイエンド事業を根本的に棲み分けることで、ローエンド事業を新たな利益源とすると同時に、既存事業とのカニバリゼーションを回避した。

	既存事業	新規事業
CVP	カスタマイズされたソリューション、交渉による契約	サービスなし、量販価格、オンライン販売
利益方程式	高付加価値なサービスを提供できるような、高い利益率と高い間接費が反映された小売価格	スポット市場での値付け、低い利益率と間接費、高スループット
カギとなる経営資源とプロセス	R&D、営業、サービス重視の姿勢	ITシステム、最小限にコストが抑えられたプロセス、可能な限りの自動化

ち、これまでとは異なる包括的で厳格なルールが必要とされたのである。

たとえば、一回の注文単位を何種類かに絞り、しかも大口に限る。リードタイムを2〜4週間に引き下げ、例外的な対応には別途費用をもらう。支払期限を設定する。顧客サービスが必要な場合には、その分の料金を別途請求する。

これだけではない。この新規事業は、人手を減らせるセルフサービス方式、標準化がカギを握っていた。とにかく成功するには、ダウコーニングを成功に導いてきた過去のルールを打破しなければならなかった。

シーツは、これら新しいルールと合わせて、この新規事業がダウコーニングという企業体の制約の中ではたして成功できるのかどうか、判断しなければならなかった。彼は、新しいCVPの要件について、現在のスタッフとシステムがどのように反応するのか、実験的な対戦ゲームによって検証してみることにした。

すると、すっかり染み付いた習慣と現行のプロセスがじゃまをして、いくらゲームのルールを変えようとしてもうまくいかず、彼は玉砕した。このイニシアティブは、企業内の抗体によって、立ち上がる前に葬り去られるのは明らかだった（章末「ビジネスモデル・イノベーションを妨げるもの」を参照）。

進むべき道は一つしかなかった。既存のルールに囚われず、汎用品事業を成長させるために必要なルールを独自につくるしかない。このビジネスチャンスを活かし、かつ既存のビジネスモデルへの影響を避けるには、新しい事業部門とブランドアイデンティティが必要だった。こうしてザイアメターが生まれた。

新しいコンピテンシーを見つける

新しいＣＶＰと利益方程式を明らかにした後、ザイアメターのチームは、必要なコンピテンシー、カギとなる経営資源とプロセスに注目した。当時ダウコーニングでは、ＩＴはコアコンピタンスとしてあまり重要視されていなかったが、いまではウェブ事業の中心的存在になった。

同時に、ザイアメターでは、賢明な決断を迅速に下し、当初はまったく先が見えない、刻々と変化する環境でも実力を発揮できる人材が必要だった。この新規事業には、新しい能力が要求されることは言うまでもなかった。

ザイアメターは分離されて運営されることになったが、シーツとザイアメター・チームは、深い業界知識や自社製品がもたらした既存の優位性を放棄するつもりはなかった。したがって、古いルールに縛られることなく、専門性を活用することが課題であった。

シーツは、リスクテーキングできる人材を求めて社内公募を実施した。面接でふさわしいスキルの持ち主に出会うと、彼は面接が終わる前に採用を出した。こうして、迅速に意思決定し、大きなリスクが負える人材を選りすぐることができた。

忘れてならない「忍耐」

新規事業が成功するまでには、ビジネスモデルを通常4回くらい手直しして、ようやく利益が出てくる。入念に検討されたプロセスによってビジネスモデル・イノベーションに取り組むならば、このサイクルが短くなるが、みごと成功させるには、最初の失敗を乗り越え、どのように路線変更すればよいか

特徴
親睦団体と提携して会員限定の商品・サービスを提供。ロイヤリティを支払う代わりに、顧客基盤を得る。
賢い自動サービスのソフトウェアで、運用コストや人的コストを削減する。
買い手と売り手を引き合わせ、取引を後押しする。取引が成立した場合に、手数料を受け取る。
関連商品をまとめて売ることにより、一度に手軽に買い物が済むようにする。
幅広い層に仕事をクラウドソーシングする。協力者は、ほかの参加者が提供するコンテンツを利用するのと引き換えに、無償でコンテンツを提供する。
データの所有やアクセスによる価値創造の代わりに、データマネジメントやプロセス分析を活用する。
外部の供給者と消費者を、インフラを活用して結び付けて、価値創造する。
それまで一般に仲介業者を介して販売されていた商品・サービスを顧客に直接販売する。
顧客が商品を共同所有する形態を採用することにより、わずかな金銭的負担で、所有者として多くの恩恵に浴せるようにする。
基本サービスを無料で提供し、上級サービスを有償で提供する。
高利益率・高コストの商品をリースして、多くの顧客に手が届くようにする。
これまできめ細かいサービスとともに提供されてきた商品を、低サービス・低価格で提供する。
在庫を少量に留め、顧客に前払いさせることで、高い利益率を確保する。
サービスの実際の利用量に応じて料金の支払いを受ける。
高価な本体を無償ないし低価格で提供し、安価な消耗品の購入を促して、薄利多売で利益を上げる。
安価な消耗品を無償ないし低価格で提供して、高価な本体の購入を促す。
商品を売るのではなく、商品の機能を売る。
以前は高コストのカスタマイズされた商品・サービスでないと解決できなかった問題に、標準化された低コストの解決策を提供する。
顧客から会費を徴収して、商品・サービスを利用させる。
会員にネットワークにアクセスさせるのと引き換えに、会費や広告料を徴収する。

出所：Mark W. Johnson, *Reinventing Your Business Model*, Boston : Harvard Business Review Press, 2018. pp145-146.

図表2-4｜ビジネスモデルのアナロジー

種類	実例
親睦団体提携型	MBNA（クレジットカード）
自動サービス型	ベターメント（投資会社）、IBMワトソン
仲介型	センチュリー21（不動産）、オービッツ（旅行サイト）
セット販売型	ファストフード店のバリューセット、アップルのiPod、iTunes
クラウドソーシング型	ウィキペディア、YouTube
データ資産型	Waze（ルート案内アプリ）、フェイスブック
デジタルプラットフォーム型	オープンテーブル（レストラン予約サイト）、Airbnb、ウーバー
中抜き型	デル、ウェブMD（医療サイト）
共有型	コンドミニアムの共同所有、 ネットジェッツ（プライベート飛行機の共同所有）
フリーミアム型	スポティファイ、リンクトイン、ドロップボックス
リース型	高級車、ゼロックス（複写機）、マシナリーリンク（農業機械）
サービス削減型	サウスウエスト航空、ウォルマート、ザイアメター
プロセス逆転型	アマゾン・ドットコム
従量制料金型	アマゾン ウェブ サービス、car2go（カーシェアリング）
ひげそりと替え刃型	ジレット（ひげそり）、家庭用プリンター
逆・ひげそりと替え刃型	アップルのiPod／iTunes、アマゾンのキンドル
サービス移行型	IBM、ヒルティ、ジップカー
標準化型	ミニットクリニック
定期購読型	ネットフリックス、ファイブ・フォー・クラブ、ダラー・シェイブ・クラブ
ユーザーコミュニティ型	アンジーズ・リスト（レビューサイト）

を把握する必要がある。

実際、実行のみならず、学習と調整にも集中しなければならない。新しいビジネスモデルの成長を忍耐強く見守る、すなわち市場機会が花開くのを待つだけでなく、早期に利益を出す、すなわちそのビジネスモデルがうまくいくことを証明することが望ましい。本当に利益が見込める事業であれば、ビジネスモデルの有効性は早くわかるものなのだ。

したがって、おのずと新しいビジネスモデルが生まれてくるように試行錯誤を重ね、開発サイクルを構築することは、最小限の資源によって成果を出し、実現可能性を示すことになる。

ダウコーニングの場合、ザイアメターのオペレーションを小規模に維持しつつも、立ち上げのスケジュールを急ぎ、1年目が終わるまでには利益を出すという目標を設定した。ザイアメターは、わずか3カ月で投資を回収し、構造転換をもたらすほどの大成功となった。

ダウコーニングはそれまで、オンラインからの売上げは皆無であった。いまや売上げの3割がオンラインからもたらされている。これは業界平均の3倍である。また、オンライン顧客のほとんどが新規顧客だった。

既存顧客を侵食するどころか、ザイアメターはむしろ主力事業を支え、ダウコーニングの営業担当者はコア製品をプレミアム価格で提供しやすくなったと同時に、価格感度の高い顧客層にも手の届く代替商品を提供できるようになった。

＊　＊　＊

既存企業が成長を目指して構造転換を図るのは、たいてい製品や技術のイノベーションが理由である。

このような場合、開発期間が長期にわたり、やみくもに市場を探す企業が少なくない。冒頭で触れたアップルのｉＰｏｄの例に見るように、企業を一変させるような事業は、一大発見や優れた技術の製品化だけに留まるものではない。成功の秘訣は、新しい技術を適切かつ強力なビジネスモデルに乗せることにある。

ハイランド・キャピタル・パートナーズの創設者兼ゼネラルパートナー、ロバート・Ｆ・ヒギンズは20年という業界経験の中で、新規事業の成功と失敗を目の当たりにしてきた。彼はビジネスモデル・イノベーションの重要性とその影響力を、次のようにまとめる。「これまでの経験から、我々（ベンチャー投資家）が失敗するのは、技術を過信した時です。成功するのは、新しいビジネスモデルに投資した時です」

既存のビジネスモデルがそのまま使える場合

ゲームのルールが変わるチャンスを活かすに当たって、必ずしも新しいビジネスモデルが必要というわけではない。Ｐ＆Ｇがスウィッファー・ダスターを開発したケースのように、既存のビジネスモデルが新規市場でも変革を起こせることがある。それは、どのような場合か。また、新しいＣＶＰを満たせるのは、どのような場合か。

● 既存の利益方程式で対応できる。

●すべてではないにしても、既存の経営資源とプロセスの大半が使える。
●事業運営に当たって、現在用いている評価基準、ルール、最低基準が使える。

ビジネスモデル・イノベーションを妨げるもの

いかなる事業においても、ビジネスモデルの根本的な意味合いは、組織の記憶の中に埋もれ、忘れ去られていることが多い。しかし、たとえば粗利率40％を維持するなど、現状を維持するためにつくられたルール、評価基準や最低基準だけは残る。既存企業が新しいビジネスモデルを開発する場合、このようなルールや評価基準が最初の障害として立ちはだかる。

財務

●粗利率
●ビジネスチャンスの規模
●単価
●単価当たり利益率
●損益分岐点を超える時間
●NPV（正味現在価値）の計算

- 固定費の投資額
- 貸方項目

オペレーション

- 最終製品の品質
- サプライヤーの質
- 内製か委託生産か
- 顧客サービス
- 流通チャネル
- リードタイム
- スループット

その他

- 価格
- 性能ニーズ
- 製品開発サイクル
- 個人への報酬とインセンティブの基準
- ブランド特性

第3章

【インタビュー】
よいビジネスモデル 悪いビジネスモデル

コロンビア・ビジネススクール 教授
リタ・ギュンター・マグレイス
【聞き手】
『ハーバード・ビジネス・レビュー』エグゼクティブエディター
サラ・クリフ

"When Your Business Model Is in Trouble"
Harvard Business Review, January-February 2011.
邦訳「よいビジネスモデル 悪いビジネスモデル」
『DIAMONDハーバード・ビジネス・レビュー』2011年8月号

リタ・ギュンター・マグレイス
（Rita Gunther McGrath）
コロンビア・ビジネススクール教授。
HBRへの寄稿は"Falling by Design," HBR, April 2011.（邦訳DHBR2011年8月号「『知的失敗』の戦略」）など多数。

ビジネスモデルのイノベーションが関心を集める理由

コロンビア・ビジネススクールで教授を務めるリタ・ギュンター・マグレイスは、不確実で変動しやすい環境下での戦略を研究テーマとし、新規事業研究の第一人者である。『ハーバード・ビジネス・レビュー』エグゼクティブエディターのサラ・クリフがマグレイスに、迫り来る危機を察知する方法と、そこからチャンスをとらえて競合他社に先んじる方策について聞いた。

HBR（以下太文字）：**いま、ビジネスモデルのイノベーションが関心の的になっていますが、なぜでしょうか。**

マグレイス（以下略）：主な理由は、次の3点だと思います。

第1に、あらゆるもののスピードが増していることが挙げられます。製品のライフサイクルもデザインサイクルもどんどん短くなっています。変化が加速していく時には、来るべき大ブームを探し求める必要があることがわかります。

第2に、異業種間競争が関係しています。いまや思いもかけないところから競争がやってきます。iPadの成功によって、デジタルフォトフレームをはじめとするあらゆる種類のディスプレー装置が撤退に追いやられると誰が予想できたでしょうか。
そして第3に、単に製品を提供するのではなく、より優れた顧客経験を提供するビジネスモデルが登場し、従来型モデルの崩壊が起こっています。
たとえば、従来型のおもちゃ専門店は苦戦していますが、30種類以上ある動物のキャラクターから気に入りを選んで、自分だけのぬいぐるみがつくれる体験型ストア、ビルド・ア・ベア・ワークショップに来店する人たちは、自分だけのぬいぐるみを自分でつくるために大金を払い、ぬいぐるみ製作の労賃はもらいません。このビジネスモデルを思い付いた起業家、マキシン・クラークは実にみごとです。

最も深刻な崩壊の危機に直面している業界は、どこでしょうか。

「崩壊の危機を免れている業界は、どこでしょうか」という質問のほうがいいでしょうね。おそらく石油・ガス業界は盤石です。消費財関連の一部の業界も安定しています。ただし強固な参入障壁がない業界、あるいは技術や規制の変化に直面している業界は、新種の競争に立ち向かうことになります。ひとたび市場の存在が明らかになれば、いとも簡単に追随してくる参入者がいます。

ビジネスモデルが有効性を徐々に失っていく時には、どのような兆候が表れますか。

まず、最初に目に見えるようになるのは、次世代イノベーションによる改善によって小型化した製品が次々に提供されるようになる段階です。この時に、自社製品やサービスの新たな強化策がなかなか思い付かない場合は、それが兆候です。

次に、「新しい代替商品やサービスが、だんだんと満足できるものになっている」という消費者の声を耳にするようになります。

そして最後に、財務数値や他の業績指標に問題が表れ始めます。

ビジネスモデルに問題がある時、その兆候は常に極めて早い段階で表れますが、たいていの場合、それは無視されるか、否定されます。というのも、大半の企業の経営陣は現行のビジネスモデルの成功を踏み台にして、トップに上り詰めたという経緯があるからです。そのため、経営陣にはビジネスモデルの耐久性を疑問視するインセンティブは、まったくと言ってよいほど働きません。

したがって、当初は拒否反応が起こって、問題を認めようとしません。次に既存のビジネスモデルをやりくりして、もうしばらく時間稼ぎをしようという、必死の試みがなされます。変わらなければならないとわかった時には、すでに手遅れの状態です。そのため、早くから手を打っていた場合に比べ、改革に伴う痛みははるかにつらいものになります。

先ほどお話しいただいた「顧客経験を提供するビジネスモデル」のように、現在、破竹の勢いのビジネスモデルはありますか。

他のビジネスモデルよりも有力なものはいくつかあります。基本的には、顧客の定着やロイヤルティ、あるいは参入障壁を生み出すビジネスモデルを追求すべきです。自動的に更新されるものであれば、ある程度、顧客は定着します。顧客みずからがプロバイダー変更に必要な手続きを取らなければならない場合などです。携帯電話番号を変えずに通信会社を他社に乗り換えようとしたことがあれば、誰もが経験しています。それはとても時間がかかりわずらわしいものです。

企業が自社のウェブサイト上にオンラインアカウントを開設してもらおうと、積極的に働きかけていますが、その理由の一つは、いったんアカウントが開設されれば、その関係を断つためには、非常に面倒な作業が必要になるからです。

あなたの会社のサービスが顧客企業のサービスに組み込まれているものなら、顧客企業はビジネスプロセスの重要な段階でのサービス提供をあなたの会社に依存していますから、どんなものでも、顧客定着型といえます。

たとえばＩＢＭは、顧客企業のコンピューティングプロセスの一部を受託することで、この優位性を獲得しています。このようなビジネスモデルを採用している企業は、横柄な態度を取らない限り、あるいは強欲にならない限り、顧客が離れていくことはありません。

それからプラットフォームによるビジネスモデルがあります。マイクロソフトはこの典型例です。

同社は単にアプリケーションソフトを販売しているだけではありません。他社にソフトウェアプラットフォームをライセンス供与することで、大金を稼いでいます。プラットフォームのライセンサーは、ほかよりも多く課金でき、また長期にわたり優位性を維持できます。

避けるべきモデルは、どのようなものですか。

顧客が一度何かを購入すれば事足りてしまい、後に続かないモデルです。

また、これは一般に思われているよりも大きな問題なのですが、必ず収益の上がるビジネスモデルを確立してください。事業の立ち上げ時には、無償で多くのものを提供してしまいがちです。低コストで試してみることができれば、あるいは辛抱強いベンチャーキャピタリストがついているのなら、それもよいでしょう。ただし、収益の上がる道筋がはっきりしているビジネスモデルが絶対に必要です。

ビジネスモデル改革のポイント

自社のビジネスモデルを改革したい企業と、あなたが会合を持つとしましょう。その場に出席すべき顔触れは、どのようになるでしょうか。

待ってください。その前にすべきことがあります。まず、自社のビジネスモデルに組み込まれている前提を疑ってみるプロセスが必要です。たとえば、エイボン・プロダクツの経営は、CEO兼会長のアンドレア・ユングの手腕で、とてもうまくいっていましたが、その後同社は窮地に陥りました。

ユングの顧問役の一人は「退陣に追い込まれつつあるくらい、事態が悪化しているのなら、金曜日の午後に自分で自分を解任して、月曜日の朝に再び登用すべきかもしれない。その後、社内のすべてを新鮮な目で見つめ直すべきだ」と提言しました。

この忠告を受け、ユングはとてもつらい選択を下しました。具体的には、自分が抜擢したマネジャーの4分の1を解雇し、マーケティングプログラムを変更し、これまで提唱していた投資路線を転換したのです。

このように、第1ステップは既存の前提を再検討するメカニズムを構築することです。私が皆さんにお勧めするのは、「どのようなデータがあれば、これとは違う意思決定を下すのだろうか」と自問することです。既存の信念を裏付ける情報ばかりを集めないように気をつけてください。そうすれば、求めなければならない、これまでとは違った情報について考えられるようになります。

顧客に直接話しかけることで、そして顧客の実体験を追体験することで、生の情報を得る必要があります。言い換えれば、オフィスから外へ出る必要があるわけです。CBSのドキュメンタリー番組『アンダーカバー・ボス』(注)に登場する大企業のトップのように、あなた自身が自社の現場に潜入し、どのような真相を見抜くことができるか、試してみるべきです。

ある携帯電話会社の社員向けに講義をした経験を、私はけっして忘れないでしょう。

この会社は日頃からサービスエリアの狭さや脆弱さを批判されていました。受講生たちに「御社のシニアマネジャーの皆さんは、なぜこのような不備を気にしていないのですか」と尋ねたところ、「当社では経営幹部の勤務地と通勤ルート、それから週末に出かける場所を把握しています。これらの場所は必ずサービスエリアに入れるようにしているのです」という答えが返ってきました。このような現実からの遊離は、致命的になるおそれがあります。真実と直接向き合わなければなりません。

第1ステップをすべてやり終えた時点で初めて、多様な顔触れのグループ——たとえば技術についていくらか見識のある人たち、顧客ニーズを理解している人たち、物事の行く末について長期的な展望を持っている人たち——を招集でき、また新たに試みるべき分野について仮説を立てることが可能になります。


考えられる新機軸の中から、投資すべき対象をどのように選択すべきでしょうか。


複数のチャンスで構成されるポートフォリオが必要です。私は複数のオプションに投資するのが最善策であると確信しています。成功するものもあれば、しないものもあるでしょう。オプションのいくつかは相互排他的であるかもしれません。

たとえばベライゾン・コミュニケーションズは、固定電話がやがて消滅していくことを理解していました。大手電話会社は、かつて収益の稼ぎ頭であった固定電話事業から巨額の利益を絞り出しているだけでした。

ところがベライゾンのCEO、アイバン・サイデンバーグは4ないしは5の相互排他的なネットワーク技術を投資対象に選び、どの技術が優勢になるかが明らかになるまで互いに競わせました。その後、最も優勢と特定された技術に集中的に投資し、他の技術はすべて反故にしました。大半の企業はそのようなことはしません。その代わりに、最高の数値が揃った一つのプロジェクトを探します。

ビジネスモデル改革の進め方

既存事業からいまでもかなりのお金を稼いでいる一方で、新しい投資案件のポートフォリオが手元にある場合には、どのようなペースで改革を進めるのが適切でしょうか。

それは最も難しい問題の一つです。明確にお答えできればよいのですが、どうでしょうか。我々の経験を踏まえれば、「必要最小限のNPV（正味現在価値）」を算出してみることが最善策です。まず、新しい事業がキャッシュフローを生み出し始める時期について目星をつけます。次に、衰退しつつある事業から現金を獲得する方法を考え出すか、またはそこから利益を得る別の方法を探します。たとえば陳腐化しつつある技術を、この技術にまだ関心を持っている他社にライセンス供与することが考えられます。また、このような事業の経営権を維持しつつも、実際の業務については、より低コストの会社に外注することも考えられます。このような移行期はつらいものですが、時間をかけて当該問題についてじっくり考えることはよいことです。

そのような移行に伴う混乱に対して、株主は特に忍耐強いわけではないように思います。

その通りです。ある事業から撤退しなければならない場合、たとえば債務を償却したり、資産を処分したりする必要が生じると、金融市場は好意的には受け止めません。しかし、プライベートエクイティ会社ならば大歓迎です。

現在、ビジネスモデルの大幅な改革を実施中の企業の多くが、プライベートエクイティ会社に部分的、あるいは完全に経営権を握られています。このことは偶然とは思えません。

私が実際にお話ししたことのある企業のうち、より高い見識のある企業数社からは、「辛抱することをいとわない投資家たちを集めるつもりです」と伺いました。

気長に辛抱強く投資する点では、同族支配の企業のほうが優れた実績を上げているのではありませんか。

たしかにそうです。たとえばボーズは最近、最高級のホームシアターを実現する「ビデオウェーブ」を発売しました。同社はこの製品の開発に5年を費やしました。つまり、新しい売上げを生み出すまで、長い間待ち続けたわけです。それでもボーズに関わる人々は「我々には納得のいく製品を世に出すまでに必要な忍耐があるから、当社のプレミアム価格の強みとビジネスモデルは持続するだろう」と考えています。

ボーズは極めて長い期間にわたり、非上場を貫いてきたため、基礎科学に投資することができるのです。同社は株式市場にも注目しましたが、「いや、当社には向かない」と結論付けました。

このようなビジネスモデルの改革が相次いで起これば、異なる投資アプローチが生まれるのではないでしょうか。考えてもみてください。企業が大きな変化に直面している時、現在の資本市場のあり方で、はたして正しい意思決定を下す方向に行けるでしょうか。この点について、私は疑わしく思っています。

ビジネスモデルへの脅威をチャンスに変えるために、企業ができることは他にありますか。

企業がビジネスモデルという難題に対処しないのは、先にお話ししたインセンティブの欠如や、顧客との距離がありすぎるといった社内の問題があるからです。そういうケースが多いのです。マネジャーの皆さんには、いますぐ取り組むべき社内の課題について考えるようにお勧めします。

なぜなら、万事が順調な時、ビジネスモデルがうまく機能して会社が本業にいそしんでいる時には、社内の課題はいとも簡単に無視されてしまうからです。組織には強力な惰性があります。その様子は、まるで子どものようです。夜、子どもを寝かし付けられますか。できません。朝、子どもを起こせますか。できません。子どもたちはそれが何であれ、いましていることに執着します。この点では組織もまったく同様です。

【注】

Undercover Boss. 大企業のCEOやトップが、自分の地位を隠して自社の現場にもぐり込み、末端社員やそこで起こっている現実に直面するドキュメンタリー。

第4章

ビジネスモデル・イノベーションに天才はいらない

INSEAD 教授
カラン・ジロトラ
INSEAD 教授
セルゲイ・ネテッシン

"Four Paths to Business Model Innovation"
Harvard Business Review, July-August 2014.
邦訳「ビジネスモデル・イノベーションに天才はいらない」
『DIAMONDハーバード・ビジネス・レビュー』2015年7月号

カラン・ジロトラ
(Karan Girotra)
INSEAD(フランス・フォンテーヌブロー校)のテクノロジー・アンド・オペレーション・マネジメント担当教授。

セルゲイ・ネテッシン
(Serguei Netessine)
INSEAD(シンガポール校)のグローバル・テクノロジー・アンド・イノベーション・ティムケン記念講座教授。

ビジネスモデル・イノベーションを体系的に実践する

ビジネスモデル・イノベーションは実に優れている。簡単に言えば、新しいテクノロジーも必要なければ、まったく新しい市場をつくり出す必要もない。「既存の」テクノロジーで生み出される「既存の」製品を、「既存の」市場に提供すればよいのだ。しかも、外部には見えない変化を伴うことが多いので、それがもたらすメリットは模倣されにくいという特徴もある。

難しいのは、ビジネスモデル・イノベーションには何が必要かをはっきりさせることである。機会を特定するための枠組みがなければ、ビジネスモデル・イノベーションのプロセスを体系的に理解することは難しく、どうしても場当たり的な施策に陥りやすい。その結果、多くの企業は、それほど費用をかけずに収益性や生産性を向上させるチャンスを逃しているのだ。

本稿では、ビジネスモデル・イノベーションを「改善可能で信頼できる規律」のレベルにまで高めるための枠組みを提示する。どのようなビジネスモデルも基本的には、企業がどうやって収益を上げ、費用を負担し、リスクを管理するかを包括的に決める一連の意思決定にほかならない。

筆者らは、ビジネスモデル・イノベーションとは「何を提供するか」「いつ決めるか」「誰が決めるか」「それはなぜか」を変える意思決定だと見なしている。これらの変革に成功した企業は、売上げ、費用、リスクのバランスを改善することができるのである。

どのような製品・サービスを組み合わせて提供すべきか

あらゆる企業が需要の不確実性という課題に直面し、ほとんどの場合において、それは大きなリスク要因となる。このリスクを低減する方法の一つは、製品・サービスの組み合わせ方を変えることだ。たとえば金融の世界の場合、20％のリターンを生むポートフォリオを2つ用意できれば、リスクの低いほうを選べばよい。長期的に見れば、低リスクの商品のほうがより大きな価値を生み出す可能性が高いからだ。これは製品ポートフォリオにも同じことが当てはまる。

製品・サービスの組み合わせの変更を検討している企業には、基本的に、3つの選択肢がある。

❶範囲を絞る

2010年10月、『ブルームバーグ・ビジネスウィーク』誌は「アマゾン・ドットコムが最も恐れるもの」というセンセーショナルな見出しの特集記事を掲載した。

同誌が焦点を当てたのは、ニュージャージー州を拠点とする比較的小さなインターネット新興企業、クイッツィである。オンラインおむつ販売のダイパーズ・ドットコムの運営でよく知られており、その共同創業者には、筆者らの教え子であったマーク・ロアも名を連ねている。

おむつは、インターネット販売に不向きな製品だと思われていた。かさばるので送料が高額なうえに、コンビニからコストコに至るまで、どこにでも売っているので利益率も低いのである。

だが、おむつにはあるメリットがある。需要を極めて予測しやすいのだ。出生率は安定しているし、赤ちゃんは長期間おむつの世話になる。また、おむつメーカーの大手は3〜4社しかなく、サイズも数種類なので、製品の多様性も限られる。すべての新規顧客が2年以上は繰り返し製品を利用してくれるとなれば、リスクもほとんどないまま、長期の着実な収益源として期待できる。

範囲を絞るやり方が最も効果的なのは、明確に差別化されたニーズを持つ、異なる市場セグメントにアピールする時だ。したがって、もし多数のセグメント向けに事業を手がけているなら、一つのビジネスモデルを適用するのではなく、焦点を絞った多数のビジネスユニットに細分化するのが最善の策だろう。アマゾンは、クイッツィのみならず、靴やアパレルのインターネット通販業者であるザッポスも買収したが、各買収先がそれぞれの顧客セグメントに対応する際は、その自由度をかなり認めている。

範囲を絞ったビジネスの主な欠点は、単一の製品やサービス、または顧客セグメントに依存しなければならず、そこからは見えてこない重要な顧客ニーズを取りこぼしかねない点だ。顧客は、パンとバターの両方を買うのである。

❷製品の共通性を探す

フォルクスワーゲンの成功は、さまざまな車種の部品を共通化した戦略に負うところが大きい。部品の共通化は、需要全体の大きな変化に効果を生まないが、個々の部品に対する需要の変動を抑制できる。また部品を共通化していれば、各モデルの需要が変化しても、工場での生産をあるモデルから別のモデルへシフトしやすい。

共通性とは、異なる製品間での部品の共通化のみを意味するのではない。さまざまな製品セグメント、顧客セグメント、市場セグメントへの対応に必要な能力も指している。したがって企業は、持てる能力を活用すれば製品・サービスを増やせるのだ。

たとえば1990年代後半、アマゾンは書籍から音楽、ビデオ、ゲームへと事業を拡大した。いずれも書籍と同じく物流能力を問われる製品だ。こうして同社は、ある製品カテゴリーで十分なシェアを獲得できなくても、別のカテゴリーの高シェアでこれを補完するというリスク管理を実現したのである。

ただし、幅広いモデルや車種を対象に部品を設計しなければならない場合、共通化を実行するためには多大なコストがかかる。さらにこの戦略では、部品を共通化する全製品が同時に需要増、あるいは需要減になってはいけない。

❸リスクヘッジしたポートフォリオを築く

金融機関は、互いのリスクをヘッジする投資ポートフォリオを築こうとする。彼らと同様に、ビジネスモデルのリスクを減らすために、企業は製品や市場の組み合わせを選択できるのだ。

チリのラン航空は、そうしたアプローチを取っている。貨物収入が5％に満たない米国の大手航空会社とは異なり、ラン航空は同じ大型機（国際線）で旅客と貨物の両方を輸送している。

南北米国から欧州へ向かうのは大半が深夜便なので、旅客のみを扱う会社の航空機は、長い間、地上に止まったままである。ラン航空の場合、この時間を使って貨物を運んでいる。欧州で貨物を積んだサンティアゴ行きの便は、チリの他の都市に貨物を運んだ後、次の深夜飛行までにサンティアゴに戻ればよいのである。

このアプローチは、輸送容量を決定する際のリスクを軽減できる。航空会社がそのような意思決定（すなわち新しい航空機の発注）を下す頻度は少なく、一度決めたら元に戻せない。そのため、航空各社は輸送容量の過剰または過小のリスクにさらされており、これが売上げに大きな影響を与える。

旅客を貨物でヘッジすることで、このリスクが抑えられる。それぞれの需要曲線が同時に上昇、または下降することは稀だからだ。さらに、貨物を運べば旅客が少なくても利益を出しやすいので、他の航空会社が回避する目的地にも便を飛ばすことができる。

言うまでもなく、この方法が使えるのは主に、需要の変動がマイナスの相関を持つケースである。たとえば、スキー服のメーカーは北米での販売を南米での販売でヘッジできる。シーズンが逆なので、需要全体はかなり安定しているからである。

重要な意思決定をいつ下すべきか

信頼に足る情報が不十分なのに、意思決定を下さなければならない局面は多い。筆者らは、状況に応じて意思決定のタイミングを変えるとビジネスモデルを改善できるような3つの戦略を見出した。

❶意思決定を先延ばしにする

多くの業界で、企業は実際に製品・サービスを販売するはるか以前に、その価格を確定させる。これに伴ってしばしばリスクにさらされることになり、たとえば航空運賃を早めに決めるのはリスクが高い。航空路線の需要は経済的条件などに大きく左右されるうえに、時刻、曜日、週によっても違うからだ。

アメリカン航空は１９８０年代に、ＳＡＢＲＥ《セーバー》という座席予約システムを使ってこの問題を解決した。新しい情報を考慮に入れながら、比較的容易に価格を変更できるシステムである。動的な価格設定が可能になったことで、航空業界は一変した。乗客が各フライトで実際に支払う値段は、たとえ同じ座席クラスであっても、まったく異なる可能性があるのだ。

タクシーのドライバーと乗客のマッチング配車サービスを提供するウーバーも、最近では同じ手法を導入している。つまり、高需要の間は「割増料金」を適用しているのだ。価格を上げることで需要を減らし、供給を増やすという寸法である。

個人レベルで見積もりを遅らせる方法もある。カジノホテルを運営するシーザーズ・エンタテインメントは、同社のロイヤルティプログラム「トータル・リワーズ」が蓄積した高度なデータベースを駆使している。リピート客が予約の電話を入れると、窓口担当者がトータル・リワーズの会員番号を尋ねる。この番号があれば、顧客の細かいギャンブルの傾向（たとえば平均的な賭け金）や、カジノに落としてくれそうな利益がたちどころにわかるのだ。その情報次第で、「申し訳ございません。お部屋はすべて埋まっております」から「ついておられます！　プレジデンシャルスイートに無料でお泊まりいただけます」まで、応対を使い分けるのである。

❷意思決定の順番を変える

事業のスケジュールは変えようにも変えられない。そんな企業も意思決定の順序を変えれば、関連情報がわかるまで投資の確定を遅らせることができる。

たとえば、製品開発はたいてい、顧客ニーズに合ったソリューションやテクノロジーの提案からスタートする。もし初期投資の後にそのソリューションが使えないとわかったら、また一からやり直しである。だが、オープン・イノベーションの草分けであるイノセンティブやイピオスなど多くの企業は、「パフォーマンスが先、投資は後」に順番を変えれば、R&Dに伴うリスクの大部分を他に転嫁できると気づき始めている。

これらの企業は顧客(「探求者」と呼ぶ)に安全なウェブサイトを提供しており、世界中のフリーランスのエンジニア、製品設計者、科学者(「解決者」と呼ぶ)にR&D上の問題をサイトに提示する。探求者は解決者の助けを借り、特定分子の化学合成から新製品のルック・アンド・フィールの設計に至るまで、自分たちが抱える幅広い問題について、腕の立つ解決者の関心を引くように具体的に提示する。そして、探求者は適切なソリューションに金銭的報酬を支払う(複数のソリューションが選ばれることもある)のに対し、解決者は最良のソリューションを生み出すべくしのぎを削り、報酬を勝ち取るのだ。

コールセンター業界のライブオプスの成功も、同様の順序変更で説明できる。

従来のコールセンターは、施設やハードインフラ(主に通信)に先行投資してから、どこかの顧客と契約するか、あるいは最初の電話を取る。まず、どのレベルのスキルや専門知識を持つスタッフを何人雇うかを決め、研修を提供しなければならない。次に、そうして構築したサービス力でニーズを満たせる顧客と契約する必要がある。そして最後に、毎日・毎週の要員配置計画を作成し、適正なスキルを有する、電話に対応できる人数のスタッフを確保するのである。

ライブオプスは対照的に、入電と並行してスタッフを雇う。オペレーターは自宅勤務で、電話を取る準備ができると同社に一報を入れる。報酬は通話時間と顧客ニーズへの対応力（通話は自動的に記録・評価される）に応じて支払われる。知能ソフトウェアが内容的に最もふさわしいオペレーターに電話を回すので、スタッフのキャパシティや配置は実需要に合わせてリアルタイムで調整できる。

ただし、このアプローチには限界がある。注文対応型のスタッフは事前に研修させにくいうえに、怠けて儲けにならないおそれがあるのだ。そのためビジネスモデルを構築できるかは、混み合わない時間にコストが比較的安いスタッフを十分供給できるかどうかにかかっている。

❸重要な意思決定を分割する

「リーン・スタートアップ」というムーブメントが、企業イノベーションやスタートアップの世界を席巻している。(注1) その理由は、ビジネスの意思決定をする起業家にとっての新しいアプローチであるからだ。かつては、リスクのあるベンチャー事業を立ち上げるには、ビジネスモデルの細部を網羅した事業計画書を作成し、計画をその通りに遂行する必要があった。あらゆる重要な意思決定が、一度に前もって下されていたのだ。

リーン・スタートアップの手法では、重要な意思決定を分割する。まずは、どこに機会がありそうかという仮説を、かなり大まかに、限られた範囲でよいから立てる。その後、情報収集や「方向転換《ピボット》」の段階を重ねながらビジネスモデルを修正し、最終的に有効なモデルへと到達する。創業者は概して、事業が進行するにつれて仮説を大胆に変えるのだ。

スタートアップの世界では、いまやこうしたアプローチは例外どころか当然となっている。筆者らの教室で誕生したモバイルによる美容健康サービスのBビューローがその好例だ（筆者らのうち1人は投資家兼取締役でもある）。一つのターゲット市場、固定的なサービス・ポートフォリオを事前に決めるのではなく、さまざまな市場で小さな実験を繰り返し、同社の出張サービスモデルに最も効果的な顧客とサービスの組み合わせを見出した。事実上、ベンチャー設計の意思決定を小分けにしたわけだ。

何度も実験と微調整を重ねた結果、Bビューローのビジネスモデルは、最終的に、ブティックホテルで健康サービス（マッサージなど）を提供し、オフィスで美容サービス（ネイルトリートメントなど）を頻繁に繰り返すものに落ち着いた。このような組み合わせにより、同社のサービス提供コストは低く抑えられ、顧客の支払い意欲は高く保たれたのである。

このアプローチは、分割可能な意思決定を見出せるかどうかにかかっている。意思決定プロセスが分割できない場合もあれば（いまと後日とで、価格を少しずつ設定することは不可能だ）、分割できるものの追加コストが生じるため、リスクとリターンを計算しなければならない場合もある。

最良の意思決定者は誰か

決定を下す者を変えるだけで、企業はバリューチェーン内の意思決定を飛躍的に改善できる。そのために実践可能な取り組みは次の通りだ。

❶事情に通じた意思決定者を任命する

従業員への権限委譲とは、根本的に、最も事情に通じた個人または組織に決定権を与えることである。たとえばグーグルのエンジニアは、会社がどのような開発プロジェクトを手がけるべきかを、かなり自由に決められる。技術的なことやテイストについては経営幹部より詳しいと考えられているからだ。

最適の事情通が社内にいるとは限らない。25年以上前、ウォルマートは商品の仕入れに関する決定権の一部をプロクター・アンド・ギャンブルに委譲した。サプライヤーのほうが正しい情報を組み合わせることができ、また生産・納入スケジュールを最適化してウォルマートの在庫を充実させる動機もあると考えたからだ。以来、大手サプライヤーとはこのような取り決めを結ぶのが一般的になっている。

最近では、アルゴリズムが決定を下す事例も見られる。たとえばレストラン業界では、接客係のシフト（勤務時間帯）が本人の希望と一致しないケースが少なくない。最悪の場合、最も儲かる時間帯に最も生産性の低い接客係が配置される事態も起こるのだ。

この問題に対処すべく、ボストンを拠点とするレストランチェーン、ノット・ユア・アベレージ・ジョーは「ミューズ」という分析ツールを利用している。これを開発したのは、マサチューセッツ州ケンブリッジのスタートアップ、オブジェクティブ・ロジスティックスだ（筆者らのうち1人は、同社のアドバイザー兼出資者でもある）。

ミューズは、顧客1人当たりの売上げ（領収書の金額で測定）と顧客満足度（チップの額や直接ヒアリングで測定）をもとに接客係のパフォーマンスを経時追跡する。こうして同チェーンは、生産性に基づくランク付けシステムを開発できるようになり、接客係はこれをもとに勤務時間帯と担当テーブルの両方を選び、自分の予定を決めることができる。

よりよい情報を用いた意思決定のメリットは明白だが、従業員やサプライヤー、顧客に権限を委譲し、広範なデータを収集するのは費用がかかるうえに、困難もつきまとう。ウォルマートの場合、シームレスなデータフローを実現するために、世界最大の民間衛星ネットワークに多額の先行投資をしている。かつ、取引先との複雑な関係構築を新たに協議・調整しなければならなかった。

❷意思決定のリスクを最適任者に負わせる

アマゾンの初期の繁栄のカギは、ドロップシッピング・モデルにあった。同社はこれにより、売れ筋タイトルの在庫を2000点ほど持つだけで100万点以上の書籍を販売できた。在庫品以外の注文があった場合、アマゾンはそれを書籍卸業者や出版社に転送し、彼らがアマゾンのパッケージを使って顧客に商品を直送するのだ。

この画期的なビジネスモデルでは、アマゾンと協業関係にある卸業者や出版社がそれぞれ在庫を管理した。アマゾンではなく彼らが、需要がどれほど見込めるかを知らずに在庫を抱えるリスクを負ったのである。ただし、リスクが広く分散されていたため、関係各社が自身のリスクを比較的容易に管理できた。

優位な情報を持つ意思決定者が明らかにいない場合、意思決定のリスクを最適任者に負わせるのは魅力的な戦略になりえる。創業初期のアマゾンは規模が小さく資金繰りも苦しかったので、取り扱う本の在庫を丸抱えできなかった。しかし大手の卸業者は、アマゾンをはじめとする何千もの小さな小売業者からの需要と供給とのバランスを取りやすかったのだ。

この戦略を機能させるには、意思決定を代わりに担う者と自社のインセンティブが一致しなければならない。出版社がアマゾンの顧客を奪おうとしていたら、アマゾンのモデルは崩壊していただろう。

❸最も得るものが大きい意思決定者を選ぶ

多くのビジネスモデルでは、チェーンの中で得るものが少ないプレーヤーが、重要な意思決定を下している。たとえば、ある企業の製品を買っても、自分たちが得るものは、それを販売する企業よりも少ないと感じる顧客は多い。細流灌漑技術のトップ企業であるイスラエルのネタフィムも、そうした問題に直面した一社である。

細流灌漑とは、暑くて乾燥した国の小規模農家に適した散水法である。ネタフィムは土壌の水分含有量、塩分濃度および肥沃度、ならびに気象データに応じて灌水を微調整する技術を開発。このシステムを使えば収穫量が300～500％増加するので、投資をしても元が取れると農家に説明した。

だが、当初はなかなか売れなかった。小規模な農家は高度すぎる技術を利用したり、これにお金を支払ったりすることを敬遠したのだ。ネタフィムという会社を信用しておらず、同社のシステムを導入すれば大きなリスクを負わされると考えていた。

この問題を解決するため、ネタフィムは、システムの設計と設置、必要なハードウェア、定期的なメンテナンスを網羅したパッケージサービスを無料で農家に提供した。これに伴う初期投資は、各農家の収穫量が実際に増えたことで回収できた。ネタフィムはこうして、意思決定のリスクをすべて引き受けたのだ。かたや農家はリスクを負わずに、儲けを増やす絶好のチャンスにイエスかノーと言うだけでよかった。

ネタフィムにそんなことができたのは、細流灌漑技術の導入により最も得るものが大きいのは自分たちだと心得ていたからである。豊富な専門知識を持ち、高度な予測システムを利用できる同社のリスクは各農家よりも小さかった。しかも、同社はリスクを分散させることができる。ある農家でうまくいかなかったとしても、別のところで埋め合わせをすればよい。農家の収穫量が増えるにつれてクチコミも広まり、それによって売上げを伸ばせるし、規模の経済を実現できる。

エネルギー効率関連企業でも似たようなケースが見受けられる。

その多くは基本的に、顧客のエネルギー管理を代行している。必要と思われる効率化対策を実施し、先行費用をすべて負担する。そして、一連の改善から得られる削減額を顧客と分かち合うのだ。ネタフィムと同じく、技術を理解しており、そのパフォーマンスを予測できるから、リスクを追加負担するのは容易である。技術導入への抵抗が減れば、売上げも拡大する。

ただし難点もある。リスクを追加負担しても安全なのは、その技術の信頼性が高い時に限られるのだ。また、顧客の行動面の問題が生じる可能性もある。すなわち、もっと長く電気をつけっ放しにしても大丈夫だと彼らが考えれば、エネルギー効率機器による削減額は減少するだろう。

重要な意思決定者はなぜその決定を下すのか

優れた意思決定者は、みずからの目標達成を目指しながら、バリューチェーンを損なうことなく価値創造に貢献する。したがって、意思決定者の意欲をうまくコントロールすれば実行できるビジネスモデル・イノベーションは多い。それには3つの方法がある。

❶収益源を変更する

米国国防総省は、航空機を調達する際に、これまでは実費精算契約を結んでいた。そのため、供給側はメンテナンスのたびに、かかった人件費と材料費の実額を請求することになる。これは、整備士が車を修理する場合と同じやり方である。

ただ残念ながら、このモデルでは供給側が顧客に寄り添おうとする動機付けが働かない。供給側からすれば、顧客の抱える問題が増えれば増えるほど好都合だからだ。政府が新しい航空機の調達に使う費用の7倍が、耐用期間中のメンテナンスにかかると試算されたほどだ。

そこで国防総省は、供給業者がエンジンの信頼性に配慮せざるをえない条件を整えた。同省は2003年、コスト削減とパフォーマンス改善のプレッシャーにさらされた末、いわゆる実績ベース契約を採用して業者の収益モデルを変更した。つまり、航空機が実稼働した時間に応じて業者に支払うのだ。たとえば、国防総省は95％の稼働率を基準として設定する。その結果、航空機がメンテナンスや修理を受けなくても稼働できる時間が長ければ長いほど、業者の儲けは増えることになった。

収益源を変更して意思決定関係者の利害を一致させる方法は、パフォーマンスを十分かつ明確に定義できる場合だと成功しやすい。反対に、たとえば先端技術や材料を駆使した新型機は未知の要因が多すぎるため、合理的なパフォーマンス基準や適切な指標の設定が困難である。

❷短期と長期のメリットを組み合わせる

従来の調達活動では、競争入札という「儀式」を通じて、低価格とほどほどの質を確保していた。選ばれた業者が比較的短期間の仕事を勝ち取るというプロセスが、毎回の入札で繰り返される。

ところが、海外調達が増えると、このモデルに不具合が生じる。国外の業者が品質管理を怠り、材料の信頼性を軽んじたのだ。それればかりか、強制労働、製品の横流しや偽造といった問題も露見した。ほとんどの調達取引は一度限りなので、悪徳業者が制裁されることは稀だった（当然ながら、多国籍企業はやがて、たび重なる問題がブランドに与える悪影響を考えるようになったが）。

香港に拠点を置く商社、利豊（リー・アンド・フン）は、競争調達が持つ柔軟性と、長期的な関係がもたらす信頼を組み合わせた新しいビジネスモデルを構築し、アウトソーシングの分野を一変させた。

同社はサプライヤーを選定、検証、承認すると、サプライヤーの業務をクライアントであるメーカーに割り当てる。そして、クライアントとサプライヤー双方の関係を掌握・管理する。たとえばパフォーマンスやコンプライアンスをチェックするほか、サプライヤーが人材、設備、材料に投資したくなるインセンティブを設けるのだ。利豊と持続的な関係を築ける可能性があるため、サプライヤーはパートナーであるメーカーのために長期的な価値を創出しようとする。

しかし、利豊のような企業は極めて少数派だ。信頼できる仲介業に頼れないセクターや地域で調達する場合は、そのような関係を直接管理しなければならないが、これは並大抵なことではない。

❸インセンティブを統合する

信頼の置ける仲介業者がいない場合には、独立した各エージェントに対して、事前に取り決めた結果を最大化させるように、契約や管理システム（有名なバランススコアカードなど）を作成・開発すればよい。

米国の医療制度改革で最も有望な施策の一つが、基本的にはこの方法を採り入れている。すなわち、包括払い制度の下では、患者の治療に携わる関係者すべてが、患者の治療結果をもとにパフォーマンス測定することに合意しているのである。(注2)

時にこうした契約は複雑になるので、単にオペレーションを統合するほうが簡単な場合もある。

年間売上げ40億ドル以上、従業員数およそ2万5000人の印刷会社、クアド・グラフィックスは、医師や病院を完備した自社独自のヘルスケアシステムを構築した。同社はその過程で、従業員の医療費を約3割削減している。また患者の治療効果も改善した。たとえば帝王切開による出産の割合は米国全土で平均26％だが、同社のヘルスケアシステムではわずか12％だ。

完全な統合の実現は一大事業のため、多くの組織がコアコンピテンシーの範囲外にある活動に直接手を出したがらないのも無理はない。したがって、これは他のアプローチでは満足できない時だけに使う、最終手段と見なされる傾向にある。

＊　＊　＊

本稿で述べた枠組みを使えば、経験豊富なマネジャーはよりよいビジネスモデルの構築法を見出せる。また企業もこの枠組みを活用すれば、イノベーション・プロセスをもっと体系的・開放的なものにできる。そうすればビジネスモデルの改革は、隔絶された内向きの事象ではなく、継続的・包括的なプロセスになるのだ。

この取り組みで得られる能力は、企業にとって持続可能な競争優位の源泉となるだろう。

アマゾンの歩み

アマゾン・ドットコムは米国の書籍市場を見据えて1994年に創業された。同社は長年にわたり、筆者らの枠組みにおける戦略を多数採用している。

【1996年】

意思決定のリスクを最適任者に負わせる

資金繰りが苦しかったアマゾンは、自社で本の在庫を抱えずに、出版社や流通業者に滞留在庫を持たせた。

【1997年】

インセンティブを統合する

パートナー企業がアマゾンの成長ペースや迅速な配送体制に追い付けないため、同社は方針を転換。自前の倉庫を建設した。

【1998年】

製品の共通性を探す

書籍での成功は、音楽、ビデオ、ゲームへの事業拡大につながった。いずれもアマゾンの物流能力が活きる分野である。

【2001年】

意思決定のリスクを最適任者に負わせる

アマゾンはトイザらス、ボーダーズ、ターゲットのウェブサイトを運営し、サイト開発、受注処理、顧客サービスの大半を担った。

【2005年】

収益源を変更する

配送料が一品ごとにかかると多くの顧客が買い控えするので、「プライム」サービスを開始。顧客は個々の配送料を支払うのではなく、配送料が無料になる会員の権利を購入する。これによって、購入意欲も刺激された。

意思決定を先延ばしにする

ブックサージ(オンデマンド出版)、クリエイトスペース(書籍、CD、DVD、ビデオの自主制作)の買収により、顧客の嗜好がわかるまで刊行の決定を先延ばしできるようになった。

【2006年】

事情に通じた意思決定者を任命する

さまざまな小売業者のフルフィルメント機能全般を引き継いだ。同社の第三者サービスの論理的延長といえる。

リスクヘッジしたポートフォリオを築く

ストレージ、シンプル・キュー・サービス(SQS)、クラウドコンピューティング、電子データシステムなどのコンピューティングサービスに進出。

【2008~2010年】

範囲を絞る

ダイパーズ・ドットコム(乳幼児向け消費財)、ザッポス(靴)という専業小売業者の買収により、効率化を実現。買収された企業はみずからの効率を維持すべく、独立採算で運営される。

【注】

（1）"Why the Lean Start-Up Changes Everything," HBR, May 2013.（邦訳「リーン・スタートアップ：大企業での活かし方」ＤＨＢＲ２０１３年８月号）、本書第７章。

（2）"How to Design a Bundled Payment Around Value," hbr.org（未訳）を参照。

第5章

ビジネスモデルを差別化する6つの要素

ケンブリッジ大学 ジャッジ・ビジネススクール 教授
ステリオス・カバディアス
ケンブリッジ大学 ジャッジ・ビジネススクール アントレプレナーシップセンター アソシエート
コスタス・ラダス
ケンブリッジ大学 ジャッジ・ビジネススクール 教授
クリストフ・ロッホ

"The Transformative Business Model"
Harvard Business Review, October 2016.
邦訳「ビジネスモデルを差別化する6つの要素」
『DIAMONDハーバード・ビジネス・レビュー』2017年9月号

ステリオス・カバディアス
(Stelios Kavadias)
ケンブリッジ大学ジャッジ・ビジネススクールのマーガレット・サッチャー記念講座教授。専門はイノベーションと成長に関する企業研究。同校アントレプレナーシップセンターのディレクターも兼ねる。

コスタス・ラダス
(Kostas Ladas)
ケンブリッジ大学ジャッジ・ビジネススクール、アントレプレナーシップセンターのアソシエート。

クリストフ・ロッホ
(Christoph Loch)
ケンブリッジ大学ジャッジ・ビジネススクール教授兼ディレクター（学部長）。

新しいテクノロジーだけでは産業の変革は起こらない

ある産業が変革（トランスフォーメーション）を遂げると、つい新しいテクノロジーが導入されたからだと考えてしまう。新しいテクノロジーが重要な役割を果たすことは多いが、それだけで一つの産業が一変したことはいまだかつてない。そうした変革を実現させるのは、出現しつつある市場ニーズに新しいテクノロジーを結び付けることができるビジネスモデルなのだ。

その代表例がMP3テクノロジーだ。初期のMP3デバイスは、磁気テープやCDよりも容量が桁違いに大きかった。ユーザーは、小さなデバイスに数千曲もの音楽を入れて持ち運ぶことができた。しかし、MP3プレーヤーがオーディオデバイス市場に革命をもたらしたのは、アップルが新しいビジネスモデルでiPodとiTunesをつなげて、音楽販売を物理的製品からバーチャルの世界へと速やかに移行させた後のことである。

ビジネスモデルでテクノロジーの可能性を花開かせるには、具体的に何が必要なのだろうか。筆者らはこの問いに答えを見出すため、幅広い業界で新しいビジネスモデルを立ち上げた40社について綿密な分析に乗り出した。その中には、業界を根底から変えることに成功した企業もあれば、有望視されていたものの、結局は成功に至らなかった企業もある。本稿では、主な研究成果を紹介し、それらがイノベーターの業界変革にどう役立つかを提言する。

ビジネスモデルはどのように機能するか

「ビジネスモデル」にはさまざまな定義があるが、大方の意見が一致するのは「企業が価値を創出し獲得する方法を述べたもの」という定義だろう。ビジネスモデルの特徴によって、顧客への提供価値《バリュープロポジション》や価格設定の仕組みが規定され、企業がいかに自社組織を編成するか、価値を創出するために誰と手を組むのかが示される。また、サプライチェーンをどのように構築するかも明確になる。基本的にビジネスモデルとは、さまざまな特徴が往々にして複雑に絡み合いながら、企業の成功を決定付けるシステムなのだ。

どの業界においても、支配的なビジネスモデルは時間とともに頭角を現してくる傾向がある。市場にゆがみが生じていなければ、そのモデルには、最も効率よく経営資源を配分しまとめる方法が映し出される。新しいモデルを導入しようとしても、その試みはたいてい失敗に終わるが、時として支配的なビジネスモデルを覆すことに成功するモデルがある。それらは、たいてい新しいテクノロジーを活用している。新規参入者がそのモデルを採用して既存企業に取って代わったり、競合企業がそれを採用したりすれば、その業界は変革を遂げているはずだ。

ホテル業界を大きく揺さぶったＡｉｒｂｎｂ《エアビーアンドビー》を考えてみよう。同社は２００８年の創業以降、飛躍的な成長を遂げた。いまや同社が保有する客室数は、インターコンチネンタル　ホテルズ＆リゾーツやヒルトン・ワールドワイドのいずれをも上回り、ニューヨークでは本稿執筆時点で、ホテルの供給客室数のうち19・5%を占めている。また、同社が事業を展開する192カ国では、客室供給シェアが2015年の3・6%から5・4%に上昇している。

プラットフォームテクノロジーを利用すれば、斬新なビジネスモデルを構築してホテル事業の古くからの経済学に切り込めることに、Airbnbの創業者たちは気がついていた。通常のホテルチェーンとは異なり、同社は物件を保有もしなければ管理もしない。オンライン上のプラットフォームで居住可能なスペース（ソファー一つから大邸宅まで）をユーザーが貸し出せるようにし、宿泊先を求めている個人と、部屋や部屋を貸してもいいと思っている住宅オーナーとをマッチングする。同社はこのプラットフォームを運営し、宿泊料金の一部を徴収するのだ。

Airbnbの収益は、有形資産の保有や管理に左右されない。そのため、スケールアップするのに大規模な投資は不要で、低料金（通常はホテルの宿泊料金を30%下回る）でやっていける。さらに物件を管理・維持するのも、何らかのサービスを提供するのも住宅オーナーだから、運用コストはもとより、負担するリスクも従来のホテルを大きく下回る。顧客側では、Airbnbのモデルによって提供価値が再構築され、これまでよりも個々人に対応したサービスが低価格で受けられる。

プラットフォームテクノロジーがなかった時代には、ホテルのビジネスを少しでも有意義な形で変えていく必要はなかった。しかしプラットフォームが登場してからというもの、支配的なビジネスモデルは、プラットフォームテクノロジーを活用してより魅力的な顧客価値を創造できる企業からの攻撃を受けやすくなった。そうした新しいビジネスモデルは、テクノロジーでできることと市場が求めていることを結ぶインターフェースとして機能しているのだ。
では、ビジネスモデルにどのような特徴があれば変革をもたらせるのかを見ていこう。

成功へと導く6つのカギ

質が高く発行部数の多い経済新聞・雑誌に掲載された回数を基準に、分析対象である40の新しいビジネスモデルを選定した。選んだモデルはいずれも業界を変える可能性を秘めているように思えたが、実際に成功したモデルはほんの一握りだ。

筆者らはそうしたモデルで繰り返し見られる特徴を探したところ、6つあることを突き止めた。そのすべてを兼ね備える企業はなかったが、これから見ていくように、その特徴が多ければ多いほど、一般に変革を成功させる確率の高さと関連していた。

❶製品やサービスの個別化

新しいモデルの多くは、支配的なモデルよりも、顧客の個々のニーズや差し迫ったニーズに見合った製品やサービスを提供している。競争力のある価格でこれを実現するため、企業はテクノロジーを活用するケースが多い。

❷循環型プロセス

多くのモデルは、直線的な消費プロセス（製品を製造し、使用後に廃棄する）から、中古製品がリサイクルされる循環型に変わっている。こうした移行に伴い、総体的に資源コストが低減している。

❸資産の共有《シェアリング》

イノベーションの中には、高額資産を共有できるようにしたがゆえに成功したものもある。Ａｉｒｂｎｂは住宅オーナーが自宅を旅行者と共有できるようにし、ウーバーは自動車オーナーと資産を共有している。サプライチェーン全体で資産を共有する場合もある。

こうした共有は通常、ツーサイド型のオンラインマーケットプレイスを介して行われ、利用する両サイドに価値をもたらす。「私は空き部屋を貸してお金をもらい、あなたはこれまでより安く、おそらくはよりよい部屋に宿泊する」という具合だ。共有により、多くの業界で参入障壁も低くなった。参入者が当該の資産を所有する必要がなくなり、単に仲介機能を果たせばよいからである。

❹従量制プライシング

顧客に即座に買い取りを要求するのではなく、製品やサービスが利用された段階で課金するモデルもある。料金が発生するのは製品やサービスが価値を生み出した時だけなので、顧客にはメリットがある。企業側には、顧客の増加を見込めるというプラス面がある。

❺より協調的なエコシステム

イノベーションが成功している背景には、新しいテクノロジーによってサプライチェーンのパートナーとの連携が強化され、より適切な形でビジネスリスクの分担を促し、コスト削減が可能になっている場合もある。

❻機動力と適応力のある組織

市場ニーズをより反映した意思決定を行い、ニーズの変化にリアルタイムで適応するために、イノベーターは時としてテクノロジーを使って、従来型の階層に基づく意思決定モデルから脱却を図ることがある。その結果、顧客にとって価値が高まり、企業にとってコストが下がることが多い。

ここまで列挙した特徴はそれぞれ、テクノロジーと需要の双方における長期的トレンドと連動している（**図表5-1**「テクノロジーと市場を結び付ける」を参照）。

テクノロジー側のトレンドとして、まず、より低価格でより広範なデータを獲得できるセンサーの開発がある。第2に、ビッグデータや人工知能（ＡＩ）、機械学習を使って、企業が膨大な量の非構造化データから規則を導き出し意思決定できるようになっている。第3に、接続されたデバイス（ＩｏＴ＝モノのインターネット）やクラウド技術によって、データの操作と分析が分散して広範囲にわたって行えるようになっている。そして第4に、製造技術の発展（ナノテクノロジーや3Ｄプリンティングを考えてほしい）に伴い、生産の分散化と小規模化という可能性が広がりつつある。

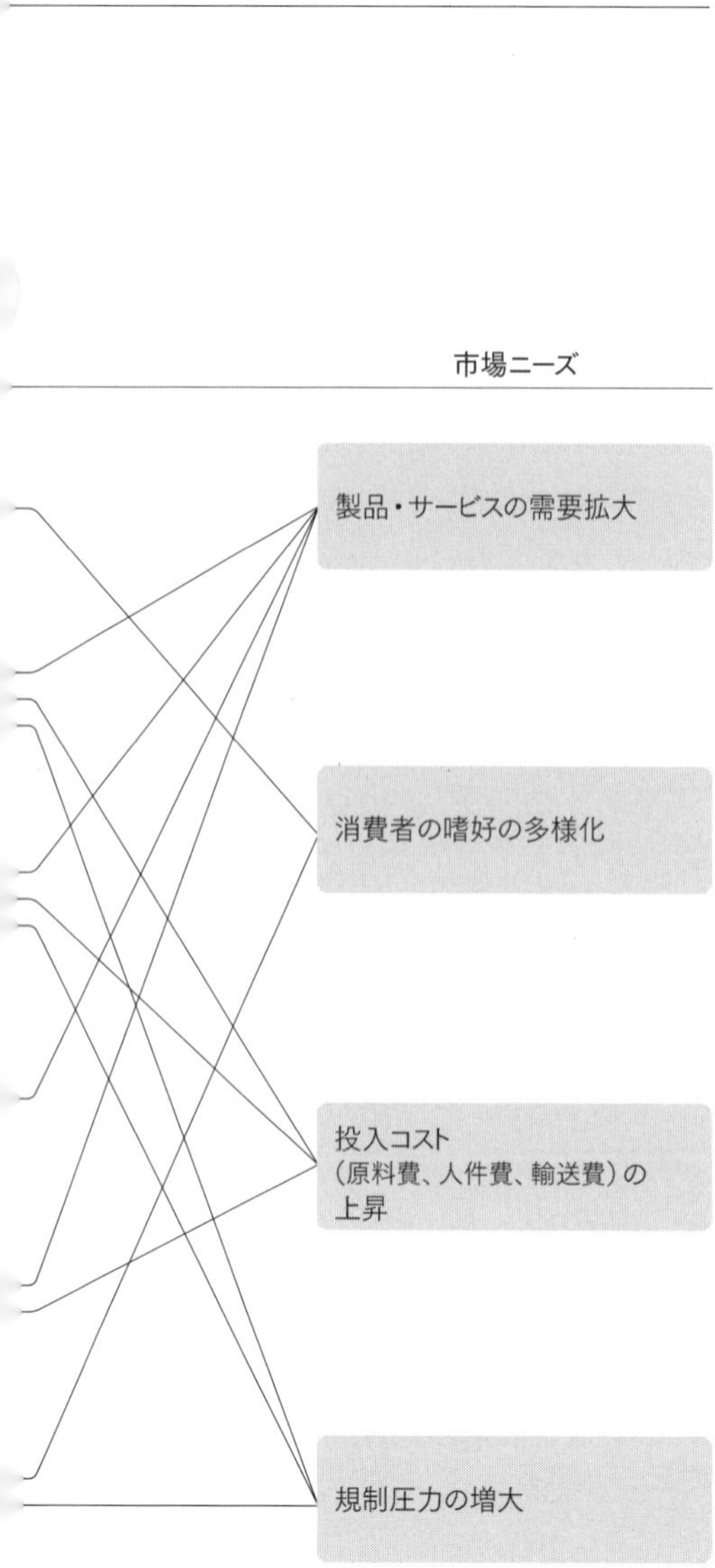

市場側では、途上国の順調な発展を背景に世界中で需要が安定して拡大しているものの、顧客の嗜好がいっそう多様化するにつれて（国内でも複数国の間でも）、状況が複雑になっている。２０１５年に１次産品の価格が下落したにもかかわらず要素価格が上昇し、（特に環境面の影響や業務遂行に対して）規制が増えたために、市場シェアの拡大を目指す企業にとっては課題がさらに増えている。

これら６つの特徴はすべて、市場の需要と技術力とを結び付ける有望なソリューションである。たとえば、顧客の嗜好が細分化し、その結果、より多様な製品・サービスへの需要が出てくると、それに対

図表**5-1**｜**テクノロジーと市場を結び付ける**

成功するイノベーションに見られる6つの特徴はいずれも、よく知られる技術トレンドと市場ニーズとを結び付けている。トレンドを特定するに当たっては、マッキンゼー・グローバル・インスティテュートや、プライスウォーターハウスクーパース、エコノミスト・インテリジェンス・ユニットといった、シンクタンクやコンサルティング会社が定期的に発行している業界リポートを分析した。

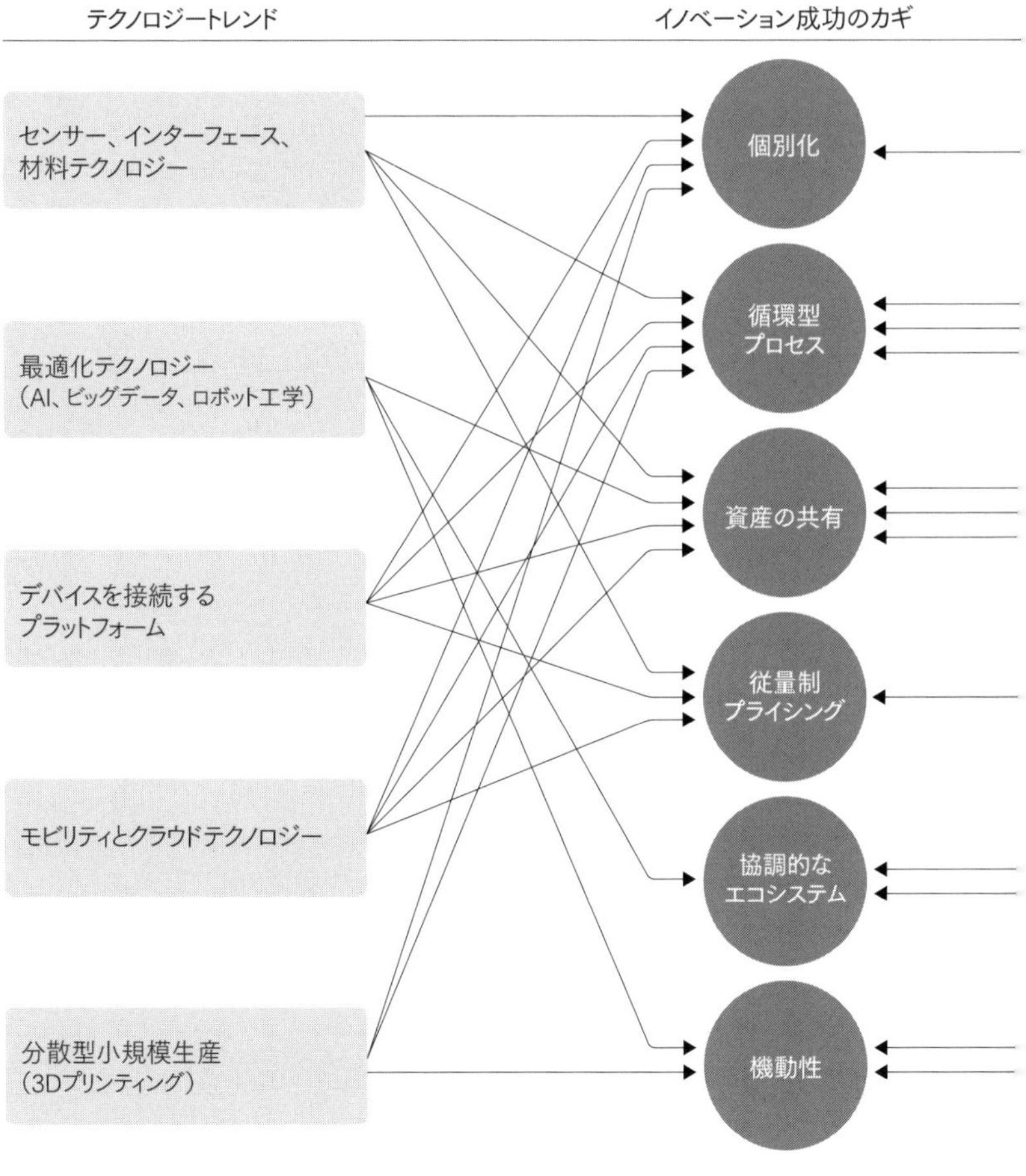

応して提供価値の個別化が進んだ。その個別化を可能にしてきたのは、接続されたデバイスからクラウドを介してデータを収集するセンサーである。データはビッグデータソリューションによって分析され、ユーザーごとに異なるサービス（リコメンド機能やアラートなど）を生み出している。

イノベーションからトランスフォーメーションへ

理論的には、新しいビジネスモデルが６つの特徴を多く備えていればいるほど、任意の業界に変革を

個別化	循環型プロセス	資産の共有	従量制プライシング	協調的なエコシステム	機動性	スコア
×		×		×	×	4
×			×	×		3
×			×	×	×	4
		×		×		2
×			×	×		3
×				×	×	3
	×		×	×		3
×				×		2
×			×	×	×	4
×				×		2
×						1
×			×	×	×	4
			×	×		2
×	×			×	×	4
	×		×			2
×		×	×			3
×			×	×	×	4
			×		×	2
		×		×	×	3
×		×	×	×		4
×		×		×		3
×		×		×		3
	×			×		2
×					×	2
	×	×	×	×		4
	×		×	×		3
	×		×	×	×	4
			×	×	×	3
×		×	×			3
×	×			×		3
		×	×			2
×			×	×		3
×		×	×	×	×	5
×				×		2
×		×	×			3
	×			×	×	3
			×		×	2
×				×	×	3
×		×	×		×	4
×		×	×		×	4

図表5-2｜ビジネスモデルの変革力スコア

業界に変革を起こすには、6つの特徴のうち少なくとも3つがビジネスモデルに備わっていなければならないことが、筆者らの研究で明らかになった。以下は、調査した40の新しいビジネスモデルがどのくらい当てはまるかを示した表である。

	▼ビジネス	▼業種
1	Airbnb	不動産
2	アリババ	小売り
3	アマゾン・ドットコム	小売り
4	アピアーヒア	不動産賃貸
5	アップルのiPod	エレクトロニクス
6	ARM	エレクトロニクス
7	キヤノン	エレクトロニクス／コピー機
8	コーセラ	教育
9	デル	エレクトロニクス
10	エデックス	教育
11	エッツィ	小売り
12	グーグルのアドワーズ	広告
13	ハンディ	住宅関連サービス
14	イケア	小売り
15	インターフェース	カーペット
16	ジャストパーク	不動産
17	レゴファクトリー	玩具
18	レンディングクラブ	金融
19	ライブオプス	コールセンター
20	リフト	配車サービス
21	Mペサ	金融
22	メディキャスト	ヘルスケア
23	ナチュラ	化粧品
24	NIKEiD	シューズ
25	フィリップスのペイ・パー・ルクス	照明
26	リコーのペイ・パー・ページ	エレクトロニクス
27	ロールス・ロイスのパワー・バイ・ジ・アワー	エンジン
28	ライアンエアー	運輸
29	セールスフォース・ドットコム	ソフトウェア
30	シャイプ	運輸・物流
31	タスクラビット	家事サービス
32	テンセントQQ	ソフトウェア
33	ウーバー	配車サービス
34	ユーダシティ	教育
35	ワシオ	ドライクリーニング
36	ウェイフェア	家庭用品・家具
37	ゼロックス	エレクトロニクス
38	ザラ	アパレル
39	ジップカー	運輸
40	ゾーパ	金融

もたらす可能性が高くなるはずだ。この仮説を検証するため、40の新しいビジネスモデルがそれぞれ備えている特徴の数を調べるとともに、その結果を実績と比較した（**図表5-2**「ビジネスモデルの変革力スコア」を参照）。

各ビジネスモデルの評価では、既存のビジネスモデルより秀でている特徴に1ポイントつけた。次に、各モデルが（既存ビジネスから）奪った市場シェアと、他社がどのくらいそのモデルを模倣したかで、変革の成功度合いを評価した。その結果、変革を起こす力を秘めたビジネスモデルには、6つの特徴のうち3つ以上を兼ね備えている傾向が顕著に示された。統計分析からこれほど明確な結果が導き出されることはあまりない。

配車サービス会社のウーバーは、6つの特徴のうち5つも満たしている。ドライバーは自家用車を使用しているため、同社のビジネスモデルは資産の共有の上に成り立っている。同社が構築した協調的なエコシステムでは、ドライバーが乗客獲得リスクを負う一方で、プラットフォームはビッグデータを活用してそのリスクを最小化するための支援をする。プラットフォームはまた、リアルタイムで市場の変化に対応する内部の意思決定システムを構築して機動性も実現している。このおかげで、従量制プライシングを適用することが可能になり、乗客が見つかる確率が高い場所へとドライバーを誘導できるのだ。

さらにウーバーは、利用客がドライバーを評価できる仕組みを採用している。同社サービスの利用を検討している人は、ビッグデータを扱うプラットフォームを使って、一番近くにいるドライバーとその評価を自身の携帯デバイス上で確認できる。この評価システムはドライバーに清潔な車と質の高いサービスの提供を促すと同時に、多少なりとも個別化を実現している。最寄りの車と、(おそらくは多少遠い場所にいるが)最高評価を受けている車との選択を顧客に委ねることは些細なことのように思えるかもしれないが、それでも間違いなく従来のタクシーサービスのはるかに先を行っている。

研究結果から導き出せる意義は単純明快だ。すなわち、もし自社のビジネスモデルの変更を検討したり、新しいビジネスモデルを携えてある業界に参入したりしているのなら、自社モデルが6つの特徴にどれだけよく該当するかを自己評価するとよい。競合企業より秀でている特徴が一つもなければ、成功する確率は低い。しかし、3つ以上の特徴で既存モデルを大きく凌駕していれば、成功に向けて絶好の位置につけているといえる。

6つの特徴について自己評価するには、まず自身の業界にとって、その特徴が実際に何を意味するかを明確にしなくてはならない。たとえば金融サービス業界の場合、個別化は融資条件（金利や月々の返済額、融資期間など）を事情に合わせて組むことかもしれない。小売業界では、Tシャツのデザインや一点物のドレスをあつらえること、教育業界では個々の生徒の得意・不得意に合わせてサポートを変えること、ヘルスケア業界ではデータを駆使した標的薬かもしれない。

このように業界固有の形で成果を表した後でようやく、企業は主な特徴に基づいて自社モデルを評価・比較する尺度を策定し、新しいテクノロジーを使って自社をどのように差別化していくかの検討を始められるのだ。

【ケーススタディ】ヘルクス

筆者らはビジネスモデルの枠組みから情報を得て、技術系ベンチャー企業のヘルクスに助言をした（ケンブリッジ大学ジャッジ・ビジネススクールのビジネス・アクセラレーター「ある企業の事業を爆発的に成長・加速させるために必要な投資やサポートをする」の協力も得た）。

ヘルクスは個別化医療という新興分野で、難病患者の治療に特化している。この分野では、難病の市場規模が非常に小さいために、製薬会社はたいてい天文学的な金額を請求せざるをえないという大きな課題を抱えている（「ソリリス」という発作性夜間ヘモグロビン尿症の治療薬は、患者1人当たりの費用が年間約50万ドルに上る）。しかし、新たに見込まれる治療法の中には、市場規模が大きい、すなわち患者数がより多い病気にも使用されるものもある。それをリパーパシング（すでに臨床で使われている薬を別の病気に利用）して難病患者のニーズに対応できる可能性があるが、それは一般的に、特定の遺伝子特性を持った人にしか効果がない。

そこに登場したのがヘルクスだ。同社のプラットフォームは、世界中のライフサイエンス業界やヘルスケア業界内のさまざまな組織が保有する複数のデータベースをまたいでビッグデータのテクノロジーやアナリティクスを駆使し、治療法と難病患者とを効率的にマッチングしている。

ヘルクスの当初のビジネスモデルは、6つの特徴のうち3つに該当していた。まず、同社の提供価値は資産の共有に関わるものだ（たとえば、難病をはじめとする疾病や治療領域における大多数の医薬品の有効性を記録した治験データベースを利用できるようにしている）。第2に、同社は対象とする難病治療への効果が大いに見込まれる医薬品を明らかにすることで、個別化を推進すると約束していた。最後に、同社のモデルは大手製薬会社（治療法や治験データを所有）と医療従事者（有効性と不適合反応に関する情報のほか、個人のゲノムデータも所有）を結び付けることによって、理論的には協調的なエコシステムを形成するだろう。

各特徴における成果はどのように評価されたかを説明しよう。

個別化の評価では、その時点で難病患者に提供されていた医薬品データ量と、ヘルクスが提供できたデータ量を比較した。世界には、正式な患者支援団体が存在する難病が7000種あり、同社は当初そのうちの1000種を対象としていた。こうした団体は約3億5000万人を代表する組織であり、その95％はいまも、それなりに効果が期待できる治療法の推奨すら受けていない。

資産の共有については、難病に適応できる医薬品の既知データのうち、ヘルクスが利用できるデータがどの程度の割合を占めるかを評価した。スタートアップ段階では、その割合は20％だった。

最後に、協調的なエコシステムの評価では、データを所有する主要機関のうち同社のプラットフォームに参加していた機関の数を参照し、その割合が約4分の1だった。

ヘルクスは当初、製薬会社にプラットフォームに参加してもらうのに苦労した。製薬会社は、自社の治験データが競合企業に漏れるのではないかと懸念したのだ。しかし、ヘルクスのチームは、製薬会社が参加に前向きになる動機付けの機会を見出した。2014年、英国の国民保健サービス（NHS）が製薬会社に対して新しい規則を導入し、患者に高額治療の効果が認められなかった場合、その費用をNHS事業者に払い戻すよう当該企業に請求できるようになったのだ。払い戻す金額は、疾病ごとに数千ポンド単位で定められた。

治療が失敗する原因は往々にして、個人のゲノムの特異性にある。ヘルクスのテクノロジーを活用すれば、製薬会社がそうした失敗を高い確率で予測でき、年間数百万ポンドを節約できるかもしれないことに、ヘルクスのマネジャーたちは気づいたのだ。

ヘルクスは最近では、機械学習のアルゴリズムも開発した。これにより、患者の生命情報を活用して、症状に合った治療薬をマッチングするだけに留まらず、どの薬が特定の患者にどのくらいの有効性を示すかを正確に予測できるようになった。

この最新版ビジネスモデルは個別化を極限まで推し進め、機動性も加わっている。というのも、バイオデータとアルゴリズムを装備して治療に当たる臨床医は、限られた未認可の治療薬のどれを使うべきかに関してお定まりの経験則に頼る必要がない。患者とじかに接しながら、よりよい治療法を決定できる。このようにヘルクスは、リアルタイムの正確な意思決定をその場その場で下せるように支援できるのだ。

ヘルクスの最新版ビジネスモデルは6つの特徴のうち4つに該当し、変革を起こす可能性がさらに高くなった。同社はすでに顧客から売上げを得ており、長期的には、患者が医療提供者の診断を受ける前に、いまよりもはるかに多くの情報を提供して患者の力になることができる。

その可能性が花開くかどうかを語るのは時期尚早だが、ヘルクスは間違いなく注目に値するベンチャー企業だ。同社は数々の受賞歴（2015年ライフサイエンスビジネス・オブ・ザ・イヤーや、ケンブリッジクラスターの2016年グラジュエート・ビジネス・オブ・ザ・イヤーなど）を誇るほか、複数のグローバルファンドから相当額の出資を受けている。

＊　＊　＊

小さすぎて取るに足らないニッチ市場でも選ばない限り、イノベーションの成功は保証されない。しかし、市場ニーズと新たなテクノロジーとを自社のビジネスモデルで確実に結び付ければ、成功率を高めることはできる。そうした結び付きを増やせば増やすほど、業界に変革をもたらす公算が大きくなるだろう。

第**6**章

「FREE経済」の戦略

ブリガム・ヤング大学 マリオットスクール・オブ・マネジメント 准教授
デイビッド J. ブライス
ブリガム・ヤング大学 マリオットスクール・オブ・マネジメント 教授
ジェフリー H. ダイアー
ブリガム・ヤング大学 マリオットスクール・オブ・マネジメント 准教授
ナイル W. ハッチ

"Competing Against Free"
Harvard Business Review, June 2011.
邦訳「『FREE経済』の戦略」
『DIAMONDハーバード・ビジネス・レビュー』2011年10月号

デイビッド J. ブライス
(David J. Bryce)
ブリガム・ヤング大学マリオットスクール・オブ・マネジメントの准教授。専門は戦略。

ジェフリー H. ダイアー
(Jeffrey H. Dyer)
ブリガム・ヤング大学マリオットスクール・オブ・マネジメントの教授。専門は戦略。ペンシルバニア大学ウォートンスクールの非常勤教授でもある。

ナイル W. ハッチ
(Nile W. Hatch)
ブリガム・ヤング大学マリオットスクール・オブ・マネジメントの准教授。専門は起業。

なぜ経営者は脅威を見誤るのか

新しい競争相手が市場に参入し、あなたの製品に似た製品を提供したとする。ただし、これまでと違うのは、それが無料だということである。

あなたは顧客が逃げないことを願いながら、あるいは無料製品が長続きしないことを願いながら、そのまま見過ごすだろうか。それとも、その脅威に対抗しようとして、みずからも急いで無料製品を導入するだろうか。

近年、このような問いかけに直面する企業が増えている。それもデジタル分野だけの話ではない。グーグル、アドビ、モジラなどによって知られるようになった「無料《フリー》」ビジネスモデルは、医薬品から航空機、自動車に至るまで、リアル世界の市場にも広がっている。

既存企業はこの脅威にどう対応すべきか。経営者は明らかにその答えを探しあぐねている。

筆者らはこの5年間、さまざまな製品市場で、無料ビジネスモデルを採用する競争相手に、既存企業がどのように対応したかを調べてきた（**章末**「調査について」を参照）。

その結果、デジタル以外の分野で、無料サービスを擁するライバルに打ち勝った企業の事例は見られなかった。それどころか、情勢が判断できる戦いのうちの3分の2で、既存企業は（デジタル、非デジタルに限らず）誤った選択をしていた。

数は少ないが、ただちに自社も無料製品を投入してしまい、利益を減らした企業もある。本来は、攻撃者が自滅するのを待つか、両者が平和共存できることに気づくべきだった。

より一般的なのは、行動を起こすべきなのにまったく起こさない、あるいは起こしたとしても遅い企業である。

その中には、驚くべきことに、新規参入者の真の脅威を認識し、一対一の直接対決に勝つのに必要な武器――確立された顧客ベース、優れた製品特性、強力な評判、豊富な財源――をことごとく備えた企業もあった。

なぜ彼らは、その並外れた資産を駆使して、無料製品を提供するライバルを撃退しなかったのだろうか。

答えは明白で、読者にも想像がつくだろう。経営者が、堅調な収益と利益をもたらしている既存のビジネスモデルを手放したくなかったからである。

しかし、答えが明らかであれば、なぜ経営者はこのような間違いを犯したのか。それは「プロフィットセンター」という組織構造と考え方が当たり前になっているからである。

本稿では、オンライン市場と一般市場での無料ビジネスに関する研究成果をもとに、無料の製品・サービスの市場参入が脅威かどうかを評価する方法、そして、プロフィットセンターの課題を克服する方法について検討する。

脅威の重要性を評価する

新規参入者がもたらす脅威の重要性は、次の3つの要素に左右される。

❶参入者がコストを素早く回収する能力
❷無料サービスの利用者数の増加スピード
❸自社の有料顧客の離反スピード

新しいライバルの中には、コストを負担できるうちに無料顧客を有料顧客に転換することができない、あるいは、お金を払って無料サービス利用者にアクセスしたいという第三者を見つけられない、という理由で自滅するところもある。したがって、競争相手の無料サービスが何らかの方法で利益を生んでいるのかどうかを判断することが重要である。

もちろん、ユーザーベースを収益化するまで1年以上待つほどの資金力を有する企業もある（たとえばスカイプ・テクノロジーズは、コンピュータから地上回線に電話をするための有料サービス、スカイプアウトの導入まで1年間、無料の電話サービスを提供した）。

だがこの場合、既存企業にとっても、そのビジネスモデルの潜在力を評価し、自身の無料製品を投入

図表6｜無料ビジネスの脅威はどれくらいか

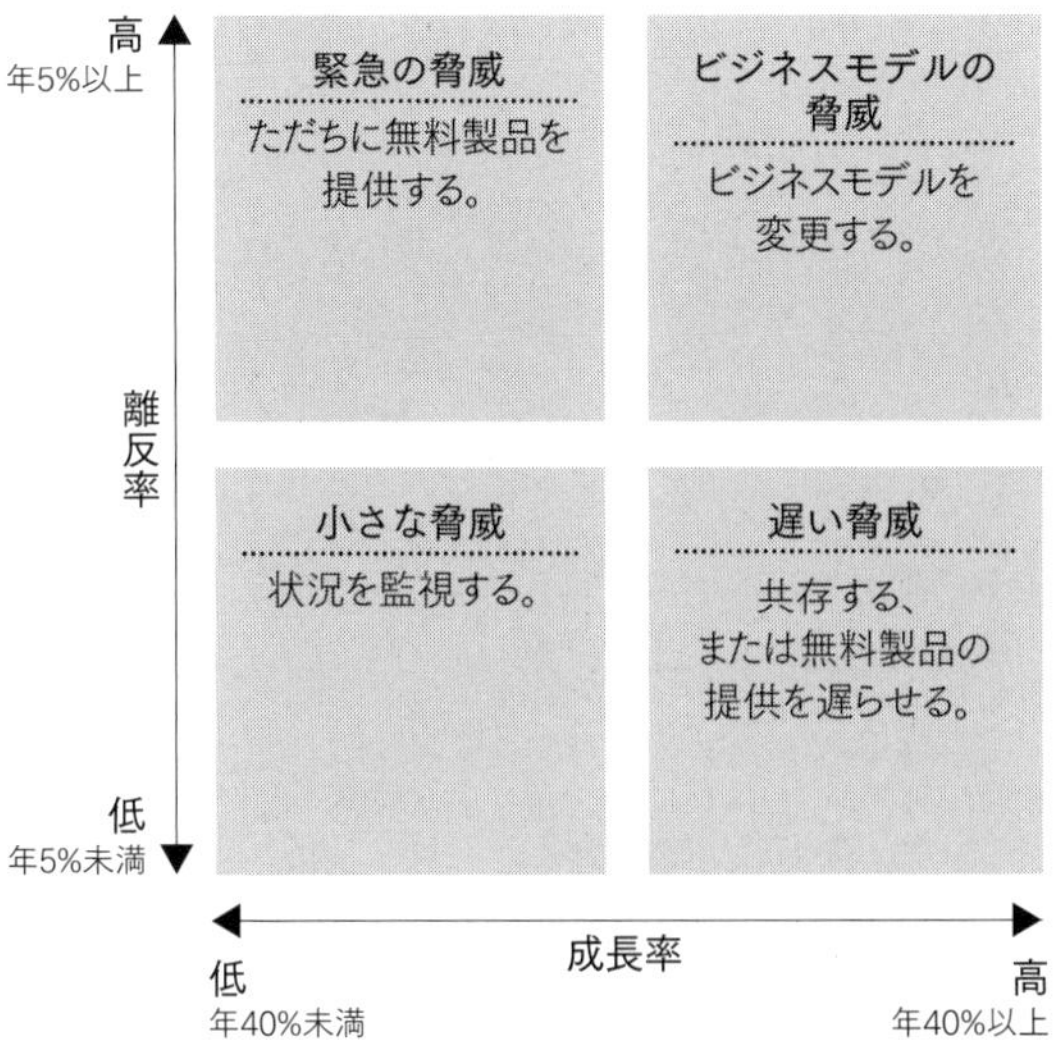

するかどうかを判断するための時間ができる、というメリットがある。

新規参入者は通常、ユーザー・ベースが急速に拡大している場合、または既存企業の有料顧客が無料サービスに急速に移行している場合に、ユーザーを「利益を生む顧客」に変える道が開ける。

どれくらいの成長スピードなら危険なのか。筆者らがさまざまな市場で行った調査によると、無料サービスのユーザーベースが年40％以上増加していれば（つまり、2年ごとに少なくとも倍増する）、あるいは顧客の離反率が年5％以上ならば（つまり、5年以内に少なくとも顧客の25％が失われる）、深刻な問題が迫っていると考えられる。

図表6「無料ビジネスの脅威はどれくらいか」が示しているように、このようなスピードを評価すれば（合理的に推測すれば）、無

料製品の脅威の度合いを知り、それに従って対応することができる。

対応すべきか、するならいつか

成長と離反のスピードがどちらも速ければ、その参入者は「ビジネスモデルの脅威」である。ほとんどの既存企業は、みずからも無料サービスを提供し、なおかつ生き残るためにビジネスモデルを抜本的に改革しなければならない。しかも、2~3年以内に速やかに実施する必要がある。

無料の求人広告や編集記事を提供するオンライン企業と競争している多くの新聞社は、図表中のこの象限に入る。ビジネスモデルを根本的に考え直さなければ、彼らは今後も衰退の道をたどるだろう。

既存企業にとって幸いなことに、ほとんどの脅威は残る3つの象限のいずれかに属するものである。つまり、対応する時間がもう少しある。

参入者のユーザーは急拡大しているが、既存企業の顧客がゆっくりと離れている場合、その参入者は「遅い脅威」である。すなわち、無料の製品・サービスが引き付けているのは、他の既存企業の顧客か、まったく新しいユーザーである。

この場合、最低でも数年間は無料サービスと共存できる。特に、あなたのサービスが高級志向層《プレミアム・セグメント》をターゲットにしている場合には、それが当てはまる。マイクロソフトのソフトウェア、オフィスが置かれた状況がまさにそれである。

スイッチングコストが高くつくため、ほとんどの企業ユーザーはまだオフィス離れを起こしていないが、大学生、中小企業、教育機関といった新しいユーザーはグーグル・ドキュメントやオラクルのオープン・オフィス（どちらも無料）を使い始めている（**章末**「なぜマイクロソフトは無料ビジネスをもっと深刻に受け止めるべきなのか」を参照）。

「遅い脅威」に直面した企業にとって重要なのは、既存製品の無料版または新しいユーザー向けの新しい無料製品をいつ投入するかを、正確に見極めることである。早めに対応したほうが参入者を撃退しやすいし、そうしたからといって、いまの売上げを大きく損なうことにはならない（現顧客はゆっくり離れているので）。

だが、参入者のユーザーが何百万という数になれば、既存企業はこれに対応しなければならない。

2009年にソフトウェア会社インテュイットが新興企業のミント・ドットコムを1億7000万ドルで買収して、自社の個人向け財務ソフト、クイッケンへの脅威をなくし、無料のオンライン製品を獲得したのが、その好例である（ミント・ドットコムはわずか3年で200万以上のユーザーを獲得していた）。

あなたの顧客の離反スピードが速く、参入者のユーザーの増加スピードが遅い場合は、利益がどんどん減っているのだから、脅威は「緊急」である。

無料サービスがまだ多数のユーザーを引き付けていないとしても、あなたにとっては問題であり、早急の対応が求められる。また、顧客に過剰なサービスを提供したのが仇になっている可能性もある。無料サービスをすぐに検討しなければならない。

最後に、どちらのスピードも遅い場合、脅威は「小さい」だろう。既存企業は引き続き状況を監視すべきである。

より優れた無料サービスを提供する

無料サービスがあなたのビジネスにとって脅威であると結論付け、対応のタイミングを検討したら、次なるステップは「どのように」対応するかを決めることである。ほとんどの既存企業は、手持ちの武器を駆使することで首尾よく反撃できる。

その武器とは一般的に、製品の利用法を身につけるのに労力や時間を費やした多くのユーザーベースや顧客ベース、高度な技術的ノウハウ、強力なブランドエクイティ、豊かな財務資源、市場に関する知識、重要な販売チャネルおよびマーケティングチャネルへのアクセスなどを指す。

このような資産を使うことで、より優れた無料製品を導入するとともに、利益を生む効果が実証済みの販売・価格戦略――アップセル、クロスセル、顧客へのアクセス権の販売、無料製品と有料製品の抱き合わせなど――を採ることができる（**章末**「効果が実証済みの4つの戦略」を参照）。

しかし、すでに述べたように、既存企業は反撃に出ないことが多い。広く知られた例だが、収益性の高い求人広告ビジネスに、オンラインコミュニティサイト運営会社のクレイグズリストが攻撃をしかけてきた時、米国のほぼすべての大手新聞は、無料のビジネスモデルを受け入れようとしなかった。

筆者らの調査によれば、求人広告の全米上位50の大都市市場のうち、クレイグズリストに独占されていないのはソルトレークシティだけである。それはなぜだろうか。

地元のディザレット・メディア（『ディザレット・ニュース』紙、KSLテレビ、KSLニュースラジオなど）が、独自の無料求人広告サイトを立ち上げるなどの大きな変革を通じて、ビジネスモデルの脅威にいち早く対応したからである。KSLのサイト（注）はクレイグズリストより使い勝手がよく、すでに確立しているKSLブランドを活用して求人広告を集めた。

ディザレット・メディアはすぐにネットワーク効果の恩恵にあずかった。広告を掲載する売り手が多いので、クレイグズリストより多くの買い手が同サイトを訪れた。サイトの収益源は、通常広告の掲載を希望する広告主と、有利な掲載位置を望む求人企業である。サイトからの利益はいまや、新聞など従来のビジネスのそれを上回っている。

一方、ディザレット・メディアは、スタッフの半数近くを削減し、コンテンツの一部をクラウドソース（ネットワーク上の群衆へのアウトソース）することで、新聞のビジネスモデルを改革した。2010年には印刷版とオンライン版の読者を15％増やしているが、これは業界2位の増加率である。全体として、ディザレット・メディアの業績は順調である。

ヤフーもまた、より優れた無料製品の導入によって拡大した既存企業の好例である。

2004年、グーグルは無料のGメールサービスを開始した。これは、無料メールのプロバイダーとして当時ナンバーワンだったヤフーの10倍のストレージ（保存できるデータ容量）があった。

新規参入者であるグーグルは、利用者が比較的少なかったため、極めて多くの容量を提供することができた。ある経営幹部は次のように語っている。

「たとえば5倍とか10倍とか、他社とは桁が違うサービスでなければやりません。ほかの無料製品からうちにスイッチしてもらわなければならない時は、特にそうです」

利益の一部をアップセル（容量アップなどの付加機能に対してお金を払ってもらう）から得ていたが、それよりも多くを広告主（本当の顧客）から得ていたヤフーにとって、グーグルの参入はジレンマをもたらした。

グーグルに直接対抗しようとすれば、1億2500万人のメール利用者に容量を提供するためのデータウェアハウス（データ保存用のサーバー）を購入しなければならなかっただろう。これは利益増に直接つながらない投資である。

ヤフーは、グーグルならびに自社のメール利用者と広告主にメッセージを送るようなやり方で対応することにした。ただちに「グーグルと同じ1ギガバイトの無料ストレージを提供する」と発表したのである。およそ2年後、ヤフーは無制限のストレージを提供し始めた。これによりヤフーユーザーはグーグルに切り替える理由がなくなり、グーグルとしても、より優れた無料サービスの選択肢がほとんどなくなってしまった。

短期的にはコスト増でヤフーの利益は減ったが、メール市場における同社のシェアは、いまなおグーグルの数倍を維持している。

しかし、グーグルも諦めてはいない。Gメールは現在、グーグル・ドキュメントやグーグル・カレンダーなど、同社の他の無料製品のプラットフォームになっている。したがって、長期的にはGメールがより優れた無料サービスになる可能性もある。

こうした事例から学ぶべき最も重要な点は何か。ユーザーベースがあなたにとってなくてはならない収益源であるならば、新たなライバルと同等か、それ以上の無料サービスをただちに提供しなければならない。できれば、そのライバルを叩きのめすか、少なくとも、強力な競争相手になれないようにすべきである（**章末**「企業は無料ビジネスにどのように対応したか」を参照）。

プロフィットセンターを再考する

既存企業の経営者が思い切って無料戦略を採ることができないのは、2つの障害があるからである。一つは、製品はそれなりの利益をみずから生み出さなければならない、という根強い考え方である。もう一つは、プロフィットセンターの組織構造とそれが採用する会計システムで、これはどちらも1つ目の考え方を反映し、それを強化している。

安定的な競争環境では、プロフィットセンターは天の賜物である。一般に、損益責任の担い手を製品レベルまで押し下げるほか、売上げと費用を個人の手に委ねて責任の所在を明らかにし、より大きな予算の部門を監督したいと考える者には出世の道が開ける。

だが、プロフィットセンターには負の側面もある。無料戦略の企画と実行には、製品の売上げと費用を分けて考えることが必須であるが、それが不可能になるのである。

この問題を解決するためには、経営陣に、損益責任を担わせる必要がある。そして、従来のプロフィットセンターよりも幅広い視点から売上げと費用を監督する。

グーグルなど、無料サービス戦略に全面的に依存する企業は、包括的な戦略の一部として無料サービスを提供している企業よりも、組織のもっと高い層にこの責任を負わせている。

このように、無料ビジネスモデルを採用する企業は、損益責任を組織の上位レベルに負わせるとともに、売上げや費用の管理責任を下位レベルの個人の手に委ねるのが一般的である。

このような企業では、「利益マネジャー」が、製品価格以外の利益を増やすためのあらゆる方法を模索する。この役割にはもちろん創造性が必要であるが、前述のように利益はおおむね、アップセル、クロスセル、利用者へのアクセス権の販売、抱き合わせの4つの方法から生み出される。

それとは別の「製品開発マネジャー」は、費用管理と、ユーザーベースをできるだけ速く拡大するような製品特性の構築に責任を負う。

筆者らのグーグルの現幹部へのヒアリングから推測すると、同社で損益責任を担うのはCEOと3〜4人のバイスプレジデントだけである。

利益グループと製品開発グループの間には間違いなく緊張関係が生じるので、ここでその解決法を述べておこう。

たとえば、グーグルの製品開発グループは、ユーザー経験を損なうと判断した収益モデルを拒否することができる。2つのグループが見解の不一致を解決できない時は、損益責任を負う経営幹部、場合によってはCEOが仲裁に入る。

多くの企業が無料製品を提供できないもう一つの要因は、原価計算システムである。これは数多くの製品の平均費用を出して間接費を配分するのには向いているが、最後に販売された製品・サービスの実質費用を特定するのには向いていない。

平均費用（変動費や総費用と呼ばれることもある）と実質費用（限界費用と呼ばれることもある）の差は重要である。なぜなら、必ずといってよいほど、後者が前者より低いからである。それも多くの場合、大幅に低い。満員ないし満員に近い飛行機で空席が1つだけあったら、航空会社にはどれだけの費用がかかるだろうか。ほぼゼロである。

この原則はすべての産業に当てはまるといってよい。オペレーションが軌道に乗って費用の大部分が負担されていれば、製品・サービスを追加したところで総費用はほとんど増えない。

企業のリーダーは、無料サービスのような新しい価格設定法を検討する際、この考え方を活用することができる。原価計算システムから距離を置くことで、これまで気づかなかった柔軟性を見出せるかもしれない。

製薬業界の例を見れば、プロフィットセンターという組織構造と考え方、さらに原価計算システムが原因で、既存企業がライバルの無料製品・サービスに対応しづらくなっている様子がわかる。

2008年、ネスレとロレアルのジョイントベンチャーのスペシャリティ・ファーマ（特定分野における新薬開発メーカー）、ガルデルマは、米国で処方用にきび用ローションのエピデュオを発売した。自社の他のにきび治療薬ベンザックの米国での特許が切れかかっていたため、ガルデルマはできるだけ早く米国でエピデュオの市場シェアを確立する必要に迫られていた。しかし欧州では、この製品はグラクソ・スミスクラインのにきび治療用ジェル、デュアックとの激しい競争に直面していた。

米国でも同じ状況になると考えたガルデルマは、1年もの間、患者がエピデュオを購入した際の自己負担分を払い戻すプログラムを実行することにした。顧客は、払い戻しクーポンと引き換えに、自分のメールアドレスを同社に教える。すると、スキンケアのヒントや、にきび関連情報、洗顔せっけんなどの一般製品の安売り情報が送られてくる。

市場シェア獲得のために新製品発売当初に思い切った払い戻しをするのは、製薬業界ではよくある戦略である。それなりのシェアを獲得すれば、その医薬品が健康保険の対象となるため、開発費を相殺し、特許が切れる前に利益を出すことができるからである。

しかし、既存の医薬品を販売している企業は、価格面でリスクを取るのを嫌うのが一般的である。原価計算システムと損益構造のせいで、多額の製品コストを回収しなければならないと考えてしまうのである。このため、ガルデルマがエピデュオの払い戻しプログラムをスタートさせた時、グラクソをはじめとする既存企業は何もできなかった。グラクソのある幹部は、筆者らにこう語った。

「彼らには対抗できません。割引する余裕などほとんどないのです。だから、うちはシェアを失っています」

実際には、ローションやジェル1つの限界費用、すなわち材料費や人件費はごくわずか（数セントから数ドル）である。したがって、既存企業であるグラクソは、大幅な割引をしても、あるいは、ガルデルマと同様に払い戻しをしても、短期的に失うものはないに等しかったはずである。

またグラクソは、ガルデルマと同じようにクロスセルを行うこともできただろうし、プロフィットセンターの壁を壊すことで、成功を収めている他製品の利益を使って皮膚科分野の短期的な損失を補うこともできただろう。

そうすれば、ガルデルマはシェアを伸ばすことができず、無料製品の提供を断念せざるをえなかったに違いない。この戦いはまだ続いているが、いまのところ、ガルデルマはその戦略によって顧客を獲得し、クロスセルで利益を上げている。

＊　＊　＊

無料化の戦略には実験が伴ううえ、間違いなく、一定のリスクを取ることが求められる。したがって、この戦略を採用する際は、企業文化の転換が必要になる。競争力のある対応策を施し、組織構造を改革し、原価計算データに疑問を投げかけるには、経営陣の強力なリーダーシップが求められる。

無料サービスが脅威である時、無料には無料で応じる以外、有効な戦略はまずない。他の優れた戦略を探すことに時間をかけすぎる既存企業は、避けられない運命が来るのを引き延ばしているにすぎない。脅威がはっきりすると同時に決然と行動を起こせば、生き残り、成功することができるだろう。

調査について

筆者らは5年間にわたって、無料の製品・サービスを提供するライバルとの競争に直面する企業について調べてきた。対象となる合計34の企業は、デジタル分野と非デジタル分野、またその両方にまたがる分野の26の製品市場で事業展開している。

具体的には、航空、自動車、求人広告、皮膚用医薬品、インターネットサービス、音楽、業務用アプリケーション、オペレーティングシステム、個人向け財務ソフト、ラジオ、電気通信などである。

既存企業と無料製品を擁するライバルとの戦いのうち24のケースで、既存企業の取った行動を判断することができた。そのうちの3分の2で、既存企業は誤った選択をしていた。みずからの無料製品の提供を急ぎすぎたか、対応が遅すぎたか、まったく何もしなかったかである。

なぜマイクロソフトは無料ビジネスをもっと深刻に受け止めるべきなのか

この4年間、マイクロソフトの有料ソフト、オフィスは、グーグルのグーグル・ドキュメントや、オラクルのオープン・オフィスといった無料ソフトからの攻撃にさらされてきた。最終的には2010年にオフィスの無料クラウド版であるマイクロソフト・ライブを提供したものの、マイクロソフトは様子見の期間が長すぎた。また、深刻な脅威になりかねない相手を阻止できるほどの強さはなかった。

マイクロソフトが無料製品戦略を採ろうとしなかったのは、驚くべきことではない。同社の業務用アプリケーション事業は長い間ほぼ独占状態を保ち、収益性も高かった。そして、大学生や公共機関など、価格に敏感な利用者を除いて、同社の顧客は無料製品に群がることはなかった。

実際、ファイルの非互換性をめぐる懸念、競合製品の機能不足、新しいアプリケーションの使い方を社員に教える必要性などのせいで、マイクロソフトのターゲットである法人顧客の大部分は囲い込まれていた。

だが筆者らは、マイクロソフトが価格に敏感な顧客の離反を深刻に受け止めなかったのは間違いであると考える。筆者らの調査では、いまや大学生の20％近くがオフィスに代わる無料ソフトを使っている。ちなみに、5年前は約4％だった。

ある競合企業によると、グーグル・アップスのサービスを使っている米国の学生数は、この2年で700万人から1000万人に増加し、そのほかにも約300万の小規模企業や一部の大手教育機関（ブラウン大学、カリフォルニア州立大学群、ゴンザーガ大学、ミネソタ大学、バージニア大学、バンダービルト大学、ビラノバ大学、ウィリアム・アンド・メアリー大学）がこの無料ソフトを採用しているという。

これはマイクロソフトにとって深刻な問題である。つまりオープン・オフィスとグーグル・ドキュメントは今後も伸び続け、若者ユーザーや新しいユーザー、価格に敏感な企業や組織（なかでも機能満載のオフィスが過剰だと考える組織）にとって魅力的になるからだ。

いまのところマイクロソフト・ライブは、競争相手の無料製品にうまく対抗できているとは思えない。それにはいくつかの理由が考えられる。

まず、マイクロソフトはオープン・オフィスと違って、個々のPCにダウンロードした後に、そこから操作できるバージョンを提供していない。また、マイクロソフトは自社の無料製品を積極的に宣伝していないため、同製品にはグーグル・ドキュメントほどの知名度がない。

マイクロソフトのここまでの中途半端な対応から判断すると、同社は顧客に無料製品へ乗り換えてほしくないのだろう。

しかし、これは誤りである。価格に敏感な顧客や過剰サービスを嫌う顧客からの利益をある程度犠牲にすれば、無料製品を擁するライバルが足場を拡大するのを防ぎ、ビジネスユーザーおよび個人パワーユーザー（現在は上顧客であるが、いずれ離れていかないとも限らない）という、自社の最も大切な顧客を維持しやすくなるはずである。

効果が実証済みの4つの戦略

❶アップセル

無料の基本製品を提供して幅広い利用者を獲得し、そのうえで上位バージョンを販売する。

要件

● 極めて多くの利用者にアピールする無料製品。たとえ、有料顧客へのコンバージョン率が低くても、かなりの利益が得られる。

または、

● 利用者の多くが上級バージョンを購入したいと考える。

事例

ほぼすべてのｉＰｈｏｎｅアプリケーションがこの戦略を採用している。アドビ・システムズのＰＤＦ閲覧ソフト、アドビ・リーダーのように、一般消費者に無料製品を、ビジネス市場に上位バージョンを提供する方法もある。

コンピュータ間の無料通話を提供し、拡張機能を収益源とするスカイプ・テクノロジーのスカイプは、このアップセルの戦略で成功している。同サービスは４億人以上の利用者がおり、その多くが有料顧客になるからである。一方、ルディコープの無料の写真共有サイト、フリッカーは利用者数がもっと少なく、コンバージョン率も低い。このため、イーベイはスカイプの買収に26億ドルを支払ったのに対し、ヤフーはフリッカーを３０００万ドル以下で買収できた。

❷クロスセル

無料製品とは直接関係のない別の製品を販売する。

要件

●幅広い製品ライン。できれば無料製品を補完するもの。

または、

●業務提携を通じて、無料製品の利用者に幅広い製品を販売できる。

事例

ライアンエアーは座席のおよそ４分の１を無料で提供しているが、座席予約、優先搭乗など、さまざまな追加サービスをクロスセルしている。機内では、食べ物、スクラッチカードゲーム、香水、デジタルカメラ、ＭＰ３プレーヤーなどが販売される（ライアンエアーは、機内広告を第三者に売るという、もう一つの戦略も採用している）。専門薬メーカーのガルデルマは、処方用のにきび治療用ジェル、エピデュオの自己負担額を払い戻し、他のスキンケア製品をクロスセルしている。

❸第三者への販売

無料製品を利用者に提供し、彼ら彼女らへのアクセス権を第三者に販売する。

要件

● 広告主向けにセグメント可能な多くの利用者、または顧客セグメントを構成する特定グループを引き付ける無料製品。

および、

● お金を払ってこれらの利用者に接触したいと考える第三者。

事例

数百万人の利用者に向けた広告の料金を収益源とするグーグルは、この戦略を採る代表的存在である。そのほか、フィンランドの電気通信会社ブリックは、アンケートに答え、広告を受け取ることに同意した16～24歳の若者に、携帯電話での月間２００分の無料通話を提供している。

同社は次に、利用者へのアクセス権と彼ら彼女らに関する情報を販売する。ブリックは最近、フランス・テレコムの最大ブランドであるオレンジに買収された。

一方、利用者がいても成功する保証はない。エックスマークスはウェブブラウザーのアドオンツール（主要ソフトに付随する追加ソフト）を提供して、200万人以上の利用者を獲得し、多くのベンチャー資本を集めた。しかし、広告主向けの明確なセグメントを提供できなかったため、その後、活動を停止した。

❹抱き合わせ

無料の製品・サービスを有料の製品・サービスといっしょに提供する。

要件

●無料の製品・サービスと抱き合わせ可能な製品・サービス。

または、

●定期的な保守や補完的なサービスを必要とする無料製品。

事例

ここでの「無料」効果はほとんど心理的なものである。無料製品を手に入れるためには、抱き合わせの製品を買わなければならない。たとえばヒューレット・パッカードは、コンピュータ購入時にプリンターを無料提供することがよくある。

電気自動車のインフラ支援企業であるベタープレイスは、無料リースとサービス契約を抱き合わせにすることで、イスラエルで電気自動車をリースする予定である。顧客は電池パックの交換代を支払う。

一方、口座や株取引などの無料サービスと、最低残高が必要な投資口座などの有料サービスを抱き合わせにする銀行も増えている。なお、抱き合わせにする製品は無料製品と関連がなくてもよい。口座を開設した顧客にiPod、iPadなどの製品を無料提供する銀行もある。

企業は無料ビジネスにどのように対応したか

対応に成功した企業

個人向け財務ソフトを開発するインテュイットは、無料製品を提供するライバル、ミント・ドットコムからの脅威に対抗して、同社を買収することで対応した。ユーザーへのアクセス権を販売して利益を得ているミント・ドットコムは、インテュイットが人気製品のクイッケンとは別に無料製品の提供を続けることを認めている。

また、無料eメールの代表的プロバイダーであるヤフーは、グーグルが参入した際、Gメールの無料ストレージに対抗し、その後にこれをしのぐサービスを提供することで対応した。

脅威を無視した企業

欧州の大手航空会社は、無料チケットや大幅割引チケットを提供し、その他のサービスを販売するライアンエアーへの対応が鈍かった。ライアンエアーは欧州で大きな利益を上げ、そのシェアはいまやエールフランスを超えている。

一方、180を超すチャンネルのサブスクリプション・パッケージ（視聴ライセンス契約）を提供する衛星ラジオ会社のシリウスXMは、インターネット上で無料ラジオを提供し、広告のないサービスの有償提供、利用者へのアクセス権の第三者への販売を収益源としているパンドラにシェアを奪われるまま、何の対策も講じなかった。

【注】
ウェブサイト ksl.com を参照。

第7章

リーン・スタートアップ：大企業での活かし方

スタンフォード大学 コンサルティング准教授
スティーブ・ブランク

"Why the Lean Start-Up Changes Everything"
Harvard Business Review, May 2013.
邦訳「リーン・スタートアップ：大企業での活かし方」
『DIAMONDハーバード・ビジネス・レビュー』2013年8月号

スティーブ・ブランク
(Steve Blank)
スタンフォード大学工学部のコンサルティング准教授。カリフォルニア大学バークレー校とコロンビア大学の講師および全米科学財団プリンシパル・インベスティゲーター。これまでハイテク新興企業8社に共同創業者または初期メンバーとして参画してきた。

リーン・スタートアップの登場

テクノロジー系のスタートアップ企業、小規模企業、大企業の社内ベンチャーなど形はどうあれ、新規事業を興すのは常に、のるかそるかの挑戦だった。数十年来の定番手法に従うなら、事業計画を作成し、投資家を説得して資金を調達し、人材を集め、製品を発表し、全力で販売に乗り出す。このどこかの段階ではおそらく、致命的な失敗をするだろう。勝算は高くない。ハーバード・ビジネス・スクール上級講師のシカール・ゴーシュが先頃行った調査によれば、スタートアップ全体の失敗率は75％にも上るという。

しかし最近、起業リスクの低減を可能にする重要な福音がもたらされた。「リーン・スタートアップ」という手法が生まれたのだ。この手法では入念なプランニングよりも試行錯誤を、直観よりも顧客からのフィードバックを、さらには、最初に全体を設計する伝統的な手法よりも反復設計を重視する。

考案からわずか数年であるにもかかわらず、この手法の主要概念である「実用最小限の製品」（MVP：minimum viable product）や「軌道修正《ピボット》」は瞬く間に起業の世界に根を下ろした。これらを取り入れるために、ビジネススクールもすでにカリキュラムの変更に着手した。

とはいえ、リーン・スタートアップ・ムーブメントは完全に主流になったわけではなく、十分な影響力を発揮するのはこれからだろう。現状は多くの点で、ビッグデータ・ムーブメントの5年前の状況におおむね重なる。あまり理解の進んでいない流行語ばかりで成り立っており、産業界はその意味合いをようやくつかみ始めたところなのである。

しかし、リーン・スタートアップ手法が広まるにつれて、起業をめぐる従来の常識は覆されつつある。あらゆる新規ベンチャーが、早めに失敗する、たゆまず学習を重ねる、といったリーン・スタートアップの原則に従うことにより、成功の可能性を高めようとしている。しかも、「リーン」（贅肉が少ない）という呼称とは裏腹に、この手法により長期的に最も大きな恩恵を得るのは大企業だと考えられる。

本稿では、リーン・スタートアップの具体的手法とその発展の経緯を簡潔に紹介する。何より、この手法が他の事業トレンドと結び付いて、新たなアントレプレナー・エコノミーの起爆剤になりうる点を説明したい。

「完璧な事業計画」の嘘

通説では、起業に際しては真っ先に事業計画を作成すべきだとされる。事業機会の規模、解決すべき課題、新規事業が提供する解決策を、後から変更しないという前提で文書化するのだ。そこには通常、売上高、利益、キャッシュフローの5年間の予測が盛り込まれる。事業計画とは要するに、製品が形になっていない時点で書き上げる、机上のリサーチペーパーなのである。その陰には、「事業の不確定要素のほとんどは、資金を調達してアイデアを実行に移す前に解明できる」という前提がある。

説得力ある事業計画を携えた起業家は、投資家から出資を得ると、事業計画をつくった時と同じように狭い視点で製品開発に着手する。開発に数千人時もの労力を傾けるにもかかわらず、その間、顧客の意見はほとんど聞かない。開発を終えて製品を発売した後、つまり、セールス部隊が売り込みを始めてようやく、顧客からまとまったフィードバックが寄せられる。そしてたいていの場合、数カ月あるいは数年に及ぶ開発の後に、「顧客は製品特性のほとんどにウオンツもニーズも持っていない」と思い知ることになる。

このようなやり方に数千のスタートアップが従う様子を何十年も見てきて、少なくとも3つの教訓が得られた。

❶大多数の事業計画は、顧客と最初に接点を持った時点で無用だと判明する。元プロボクサーのマイク・タイソンはかつて、対戦相手が事前に練った作戦について「みんな作戦を考えてくるが、そんなものは口元にパンチを浴びた途端にこっぱみじんだ」と語った。

❷まったく未知数のものに5年間の予想を要求するのは、ベンチャーキャピタリストと旧ソビエト連邦くらいである。そのような計画は普通は虚構であり、ほとんどの場合、頭をひねるだけ時間の無駄である。

❸スタートアップは大企業の小型版ではない。基本計画に沿って事業を展開していくわけではないのである。最終的に成功を手にするスタートアップは、失敗を次々と経験し、たえず顧客から学びながら、当初のアイデアの修正、開発サイクルの反復、改善を重ねていく。

大きな違いは、既存企業がビジネスモデルの実行に重点を置くのに対して、スタートアップはビジネスモデルの探求に注力する、という点である。この違いがリーン・スタートアップ手法の核心を成している。ここから、「再現性と拡張性のあるビジネスモデルを探すために構想された暫定組織」という、スタートアップの無駄のない《リーン》定義が生まれる。

リーン・スタートアップ手法は3つの基本原則に支えられている。

第1に、計画立案と調査に何カ月も費やすのではなく、まずは未検証の仮説、要は「鋭い読み」をいくつも挙げればそれでよしとする。このため、複雑な事業計画を作成する代わりに、仮説の概略を「ビジネスモデル・キャンバス」というフレームワークにまとめる。一言で述べるなら、自社と顧客のためにどう価値を創造するかを図式化するのだ（**図表7-1**「仮説を図式化しよう」を参照）。

第2に、リーン・スタートアップ手法を用いる企業は、仮説を検証するため、オフィスにこもらず積極的に街へ出ていく。これを「顧客開拓《カスタマー・ディベロップメント》」と呼ぶ。潜在的な利用者、購入者、事業パートナーと会い、製品特性、価格、流通チャネル、合理的なコストでの顧客獲得戦略など、ビジネスモデルのあらゆる要素について意見をもらう。重視するのは柔軟性とスピードである。若いベンチャー企業は素早くMVPを組み立て、すぐさま顧客からフィードバックを受ける。次いでフィードバックをもとに仮説を修正したうえで同じサイクルを繰り返す。再設計後の製品を検証し、反復《イテレーション》によってさらに微調整を行うか、うまくいかない場合は軌道を修正するのである（**図表7-2**「顧客の意見を聞こう」を参照）。

第3に、リーン・スタートアップ手法では、ソフトウェア業界に由来する「アジャイル開発」を、顧客開発と歩調を合わせながら進める。従来型の製品開発は、顧客の抱える問題やニーズはわかっている

価値提案
バリュー・プロポジション

- 顧客にどのような価値をもたらすか
- 顧客が抱える問題のうちどれの解決に協力しているか
- 各セグメントにどの製品やサービスの組み合わせを提供しているか
- どの顧客ニーズを満たしているか
- 実用最小限の製品（MVP）に相当するものは何か

顧客との関係性

- どの顧客関係性が確立しているか
- それらはビジネスモデルの他の要素とどう結び付いているか
- どれくらいコストがかかっているか

流通チャネル

- 自社が対象とする顧客セグメントはどのチャネルでの取引を望んでいるか
- 他社は現在どのようなチャネルを用いているか
- どれが最もうまく機能しているか
- コスト効率が最も高いのはどのチャネルか
- チャネルを顧客のルーチン業務とどう調和させているか

顧客セグメント

- 誰のために価値を創造しているのか
- 最重要の顧客は誰か
- 典型的な顧客像はどのようなものか

収益の源泉

- 顧客はどのような価値に快く対価を支払おうとするか
- 現在は何に対価を支払っているか
- 収益モデルはどのようなものか
- どのような価格戦術を用いるか

出所：WWW.BUSINESSMODELGENERATION.COM/CANVAS. ビジネスモデル・キャンバスの概念は、アレクサンダー・オスターウォルダーとイブ・ピニュールが考案したものである。

図表7-1｜仮説を図式化しよう

ビジネスモデル・キャンバスを用いると、事業を構成する9つの要素すべてを一ページで概観できる。各要素にはいくつかの仮説が付随しており、それらを検証する必要がある。

主な事業パートナー

- 主な事業パートナーは誰か
- 主なサプライヤーは誰か
- 事業パートナーに融通してもらう主なリソースは何か
- 事業パートナーは主な活動のうちどれを担うのか

主な活動

- 価値提案の実現に欠かせない主な活動は何か
- 流通チャネルが要求する活動は何か
- 顧客との関係性を維持するのに必要な活動は何か
- 売上げを途絶えさせないために必要な活動は何か

主なリソース

- 価値提案の実現に欠かせない主なリソースは何か
- 流通チャネルが要求するリソースは何か
- 顧客との関係性を維持するのに必要なリソースは何か
- 売上げを途絶えさせないために必要なリソースは何か

コスト構造

- このビジネスモデルに必然的に伴う最も重要なコストは何か
- 主なリソースのうちどれが最も高コストか
- 主な活動のうちどれが最も高コストか

という前提の下、年単位の時間をかけて行うが、アジャイル開発は違う。開発サイクルを短い間隔で反復しながら製品を少しずつ完成に近づけていくことにより、無駄な時間やリソースを省くのである。そして、こうして開発したMVPを検証にかける（**図表7-3**「顧客の声を反映した速やかな製品開発」を参照）。

ヨーゲ・ヘラウトとリー・リデンは、スタンフォード大学で筆者の講義を受けていた時に、ブルーリ

図表7-2｜顧客の意見を聞こう

スタートアップ企業は顧客開発をしながら有効なビジネスモデルを探す。顧客のフィードバックから、事業上の仮説が誤っていたと判明した場合、仮説を改めるか、もしくは新たな仮説を設けて軌道修正（ピボット）を行う。ビジネスモデルの有効性を検証できたら、実行段階に移り、会社としての組織体制を整える。顧客開発の各段階を何度も反復するのだが、これは、失敗を繰り返した後に適切な手法にたどり着く公算が高いからである。

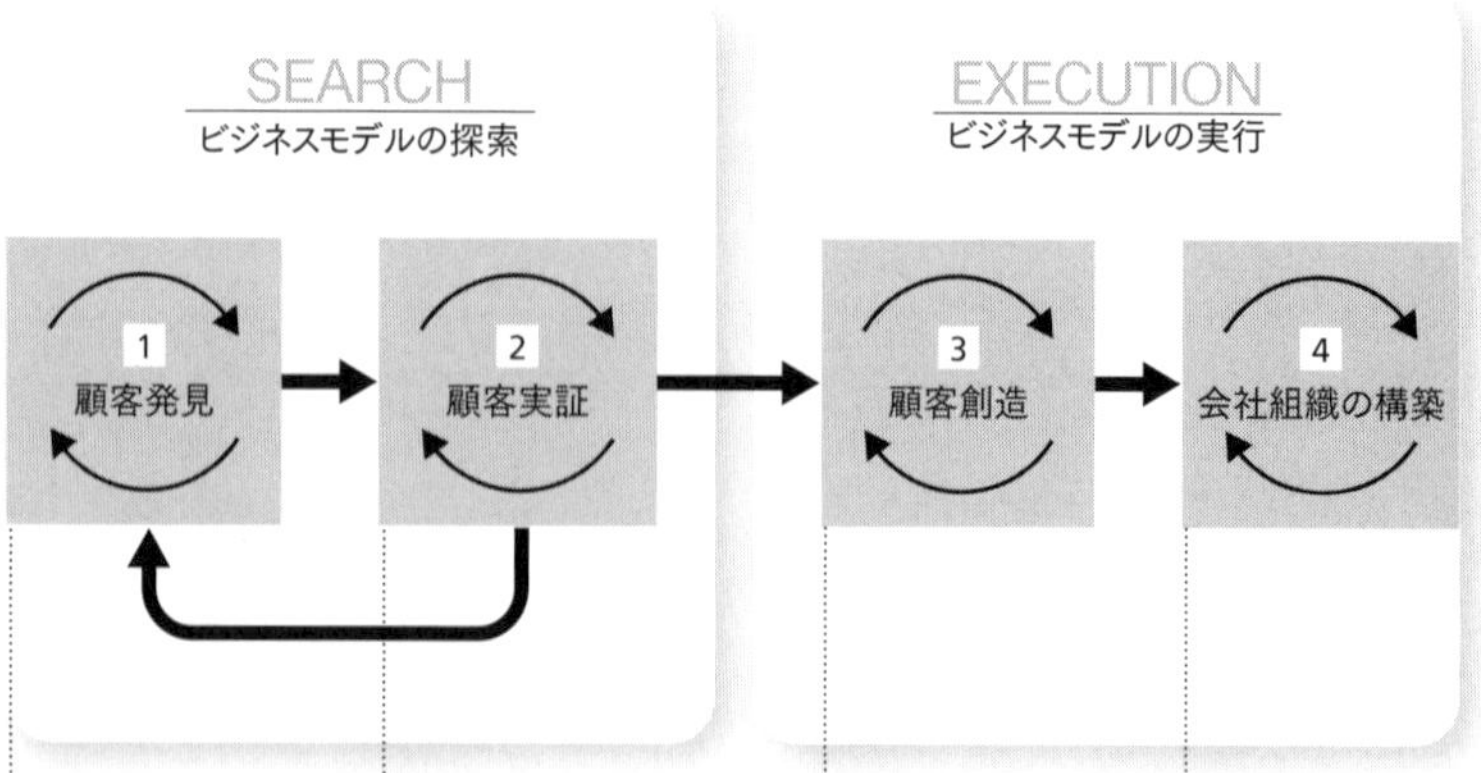

1

創業者は起業アイデアをもとにビジネスモデルの仮説を設け、顧客ニーズについての前提を検証する。そのうえで「実用最小限の製品」(MVP) をつくり、自分たちが提示するソリューションへの顧客の反応をうかがう。

2

他のすべての仮説について検証を続ける。初期の受注状況や利用状況をもとに、製品への顧客の関心を実証しようと努める。顧客の関心が低いなら、仮説を変更して軌道修正を行えばよい。

3

製品を十分に改良して販売可能な状態へ持っていく。実証済みの仮説をもとに、マーケティングとセールスの支出を急増させて需要を押し上げ、事業を拡大していく。

4

顧客開発チームが解を探るスタートアップ態勢から、職能部門がビジネスモデルを実行する態勢へと移行する。

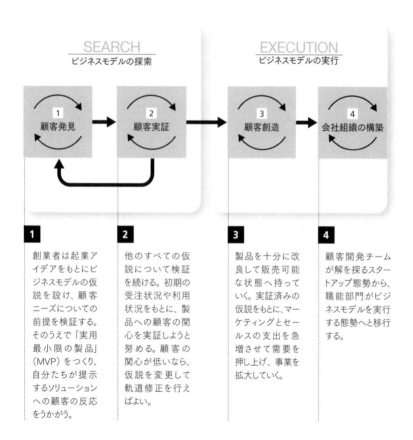

図表7-3｜顧客の声を反映した速やかな製品開発

従来の製品開発では順序通りに段階を踏み、各段階に何カ月もかけるが、これとは対照的に、アジャイル手法の下では短いサイクルを反復しながら製品を開発していく。スタートアップ企業は、重要な特性だけを備えた「実用最小限の製品」（MVP）をつくって顧客からフィードバックをもらい、MVPを改良した後にまた同じ手順を繰り返す。

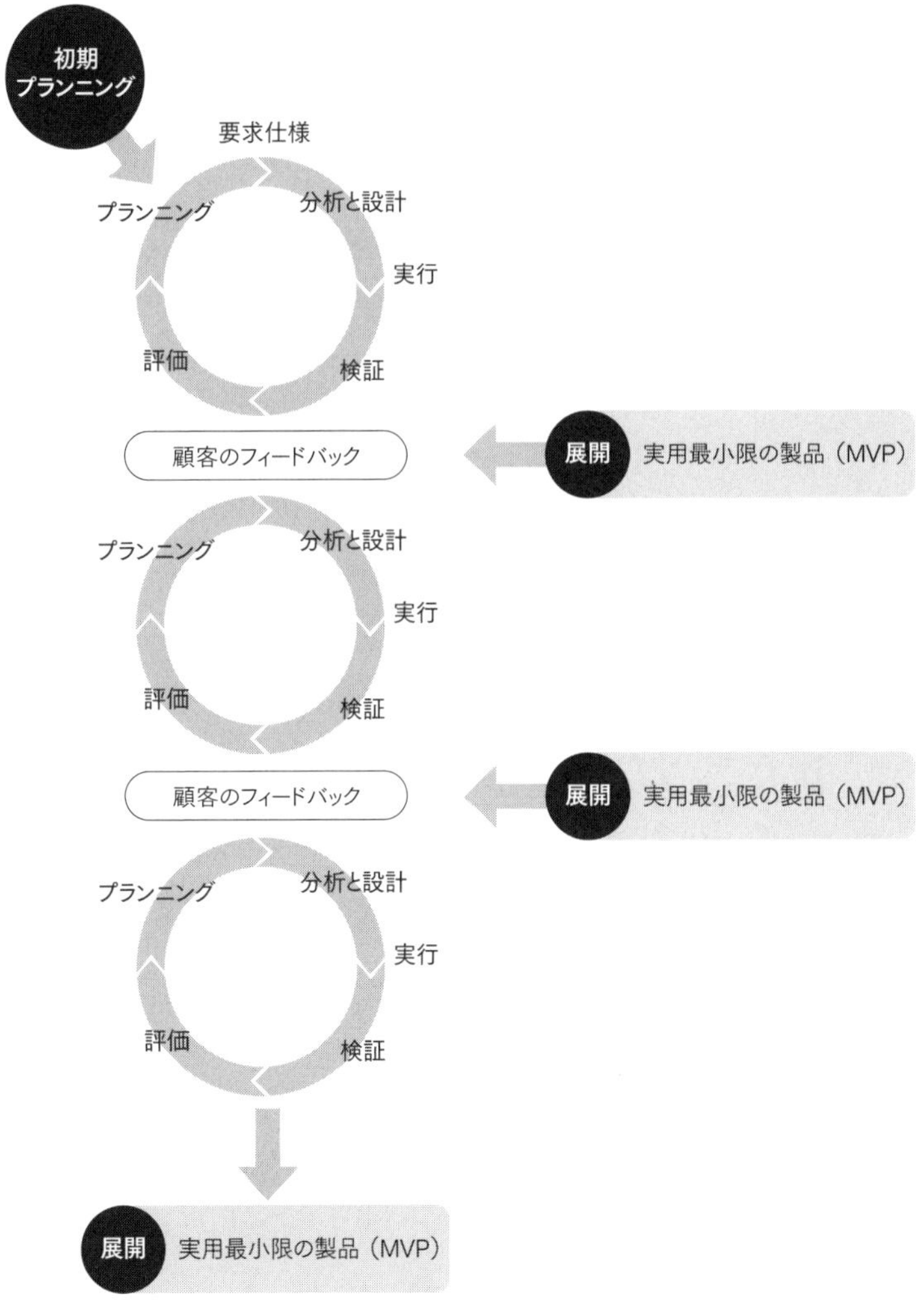

バー・テクノロジーを創業した。彼らは商用のロボット芝刈り機を開発する構想を温めていた。10週間で100を超える顧客と意見を交わしたが、当初主な顧客と想定していたゴルフ場はこのソリューションを高く評価していなかった。続いて農園主に話を聞き始めたところ、化学物質を使わず機械によって雑草を駆除する方法には多大な需要があると判明した。ブルーリバー・テクノロジーはこの需要を満たすことを新たな目標に据え、10週間で試作機を開発、検証した。9カ月後には、300万ドルを超えるベンチャー資金を調達していた。経営陣はこの時、わずか9カ月で商用製品を用意する見通しを掲げた。

廃れる「隠密モード」の開発

リーン手法の影響により、スタートアップが使うビジネス用語も変化してきている。ITバブル期には、(競合他社に市場機会を見透かされまいとして)「隠密モード」で事を進める例が多く、準備万端整えてベータテストを行うまでは顧客に試作品を公開しなかった。リーン・スタートアップ手法の下では、このような発想は時代遅れとなる。なぜなら、①たいていの業界では機密保持よりも顧客のフィードバックのほうが有益である、②周到に準備をしたうえで製品を発表するよりも、頻繁にフィードバックを得るほうが好ましい結果につながる、という2つの考え方があるからだ。

これら2つの根本的な教訓は、筆者が起業家として経験を積む中で得たものである(筆者はこれまで、創業者あるいは初期メンバーとして合計8社のハイテクスタートアップに参画した)。その後、いまから10年前に教鞭を執るようになり、すでに紹介した顧客開拓手法を考案した。2003年には、カリフォルニア大学バークレー校ハーススクール・オブ・ビジネスの講座でこの手法を紹介するようになっていた。

2004年に、エリック・リースとウィル・ハーベイが設立したスタートアップに出資したのだが、その際に筆者の講義を受けるという条件を彼らに課した。リースはすぐに、テクノロジー業界で従来用いられていた直線的な製品開発手法であるウォーターフォール型開発に代えて、反復型のアジャイル手法を取り入れるべきだと気づいた。そればかりか、この新しいスタートアップ手法と、「リーン製造」として知られるトヨタ生産方式との類似性にも目を留めた。こうして彼は、顧客開発とアジャイル手法の組み合わせを「リーン・スタートアップ」と名づけた。

リーン・スタートアップ手法の具体的な中身は、何冊かの人気書籍を通して広まっていった。2003年に筆者が上梓した『アントレプレナーの教科書[注1]』は、スタートアップは大企業の小型版ではないことを初めて指摘し、顧客開発プロセスを詳しく説明した本である。2010年にはアレクサンダー・オスターワルダーとイブ・ピニュールが『ビジネスモデル・ジェネレーション[注2]』において、ビジネスモデル・キャンバスの標準的なフレームワークを提示した。2011年にはエリック・リースが『リーン・スタートアップ[注3]』でこの手法の全体像を描いた。そして2012年にボブ・ドーフと筆者が、リーン手法について得た知見をステップごとにまとめたハンドブック『スタートアップ・マニュアル[注4]』を発表した。

リーン・スタートアップ手法は現在、25以上の大学で教程に組み込まれているほか、人気の高いオンライン学校「Ｙｕｄａｃｉｔｙ《ユーダシティ》」でも学ぶことができる。しかも、世界中のほぼすべての都市にスタートアップ・ウィークエンドのような組織があり、一度に何百人もの起業家予備軍にリーン手法を紹介している。このような集まりでは、部屋いっぱいのスタートアップチームが5〜6件の製品アイデアを数時間の間に次々と検討していく。参加したことのない人にとっては信じがたいだろうが、このようなイベントをきっかけに、金曜日の夜に会社をつくり、日曜日の午後には売上げを得ている、などという例もある。

起業家精神あふれるイノベーション経済の創造

一部の信奉者は、リーン手法を用いると個々のスタートアップの成功度が高まると主張するが、それは大げさすぎるのではないだろうか。事業の成否は非常に多くの要因によって決まるため、一つの手法を用いればスタートアップの成功が保証されるなどということはありえない。しかし筆者は、数百のスタートアップ、リーン手法を教える講座、この手法を実践する既存企業での見聞をもとに、「多数のスタートアップにリーン手法を導入すれば、旧来手法を用いた場合よりも失敗率は低下するだろう」という、より重要な主張を行うことができる。

スタートアップの失敗率が低下すれば、経済に大きな意義をもたらすはずである。今日では混乱や無秩序、グローバリゼーション、規制の影響でどこの国でも経済が動揺している。先進国では解雇が急増しており、その多くは回復しないだろう。21世紀に雇用を上積みするには新規事業を創造するほかないため、新規事業の成功、拡大、雇用増に役立つ環境づくりは、我々全員の利益になる。スタートアップの急拡大を原動力にしてイノベーション経済を創造する必要性は、かつてなく増大している。

過去には、スタートアップの増大は、失敗率の高さのほか、次の5つの要因によって阻まれていた。

❶最初の顧客を獲得するためのコストが高く、製品がうまくできなかった場合のコストはさらに高い。

❷技術開発のサイクルが長い。

❸スタートアップを興したり、そこで働いたりすることには特有のリスクがあり、それを取ろうとする人が限られている。

❹ベンチャーキャピタル（VC）業界の構造上、少数のVCがおのおの一握りのスタートアップに巨額を投じないことには、高い収益が得られそうもない。

❺米国の場合は東海岸と西海岸のように、スタートアップを築くうえでの本物の専門性が一部の地域に偏在している（欧州など世界の他の地域では、米国ほど顕著ではないが、それでも抜きん出て起業が盛んな地域は存在する）。

リーン手法を用いると、顧客が本当に望む製品を旧来よりもはるかに低コストで速やかに市場投入できるため、制約の①と②は軽減される。スタートアップに付随するリスクが小さくなるため、③も緩和される。しかも、この手法が普及を始めて以降、ビジネスやテクノロジーの潮流も、スタートアップを興すうえでの障壁を低くする方向に働いている。これらすべての要因が相まって、起業を取り巻く環境を変化させているのだ。

最近では、「ＧｉｔＨｕｂ《ギットハブ》」のようなオープンソース・ソフトウェアや、「アマゾンウェブサービス」（ＡＷＳ）のようなクラウドサービスの恩恵により、ソフトウェアの開発コストが数百万ドルから数千ドルへと激減した。ハードウェア製造を手掛けるスタートアップはいまや、海外のメーカーといとも容易に取引できるため、自前の工場を設ける必要などない。実際、リーン・スタートアップ手法を用いる若いテクノロジー企業の場合、創業から数週間後にソフトウェア製品をウェブ上で流通させたり、中国製のハードウェアを発売したりする例は、少しも珍しくない。ルーミネイトの事例を考えたい。この会社は、「女の子たちに科学、技術、工学、数学への興味や自信を呼び覚ましてもらおう」という発想から生まれたスタートアップである。創業者たちは、配線ツール込みのドールハウスキットを設計して検証とイテレーションを終えると、中国の製造委託先に仕様書を送った。３週間後には初回生産ロットが届いたという。

もう一つの重要な潮流として、起業資金の調達先の多様化が挙げられる。ＶＣ業界は従来、シリコンバレー、ボストン、ニューヨークの周辺に拠点を置く同業者しか入り込めない、狭い世界だった。ところが最近では、それら数億ドルの資金を持つ従来型ＶＣと比べて小粒の、起業家が資金を出し合って設けた新種のスーパーエンジェルファンドが、初期段階《アーリーステージ》の投資を行える。Ｙコンビネーターやテックスターズなど、全世界で何百ものアクセラレーターが、シード投資の道筋をつけようと乗り出した。加えて、「キックスターター」に代表されるクラウドソーシングサイトが、よりオープンな形でスタートアップ資金を提供している。

情報が即時に手に入る状況も、最近の新規ベンチャーにとって追い風になっている。ネット時代が幕を開けるまで、経験の浅い創業者が助言を得るには、ベテランの投資家や起業家と会って意見交換するしかなく、頻度も限られていた。現在ではスタートアップへの助言があまりに多すぎて、どう取捨選択するかが最大の課題となっている。リーン・スタートアップの諸概念は、助言の良し悪しを見分けるフレームワークとしても役立つ。

リーン・スタートアップ手法はもともと、成長性の高いハイテク・スタートアップを生み出すために考案された。しかし、経済のかなりの部分を占める生活密着型の小規模企業を興すうえでも、同じように有用だというのが、筆者の考えである。小規模企業の世界全体にこの手法が広まったなら、成長性と効率性が高まり、GDPや雇用にも、すぐに直接的な効果が波及するに違いない。

これが実現しそうな兆しも見えている。全米科学財団（NSF）は2011年に「イノベーション部隊《コープス》」という施策を始動させ、リーン手法を用いて基礎科学分野の研究成果の商用化を目指すようになった。現在では、全米の数百の上級科学者チームにこの手法を伝授するために、11大学が講座を設けている。

MBA課程への導入も進んでいる。MBA課程では長い間、大企業の手法、たとえば売上高とキャッシュフローを把握するための会計手法や、マネジメントに関連する組織理論などをスタートアップに応用するよう、学生たちに説いていた。ところが、スタートアップが直面する課題は大企業とはまったく異なる。最近ではビジネススクールにも、「新規ベンチャーには独自のマネジメントツールが必要だ」

という気づきが広がっている。

ビジネススクールは、マネジメントの遂行とビジネスモデルの探求を区別するようになり、それに合わせて、事業計画を起業教育の基本項目から外し始めている。10年以上の間、事業計画コンテストがMBA課程の目玉だったが、最近ではこれに代えてビジネスモデルコンテストが開催されるようになっている（ハーバード・ビジネス・スクールも2012年についにこちらに変更した）。スタンフォード、ハーバード、コロンビアの各大学とカリフォルニア大学バークレー校は、リーン・スタートアップを教程に組み込む動きの先頭に立っている。教育者向けに筆者が開発したリーン・ローンチパッド講座は現在、年間250人を超える大学教員に研修を施している。

21世紀型企業の新たな戦略

リーン・スタートアップ手法が若いテクノロジー系ベンチャーだけのものではないことは、すでに明確になりつつある。

企業はコスト低減による効率向上に過去20年を費やしてきた。だが、既存のビジネスモデルの改善に力を入れるだけでは、もはや十分ではない。ほとんどの大企業は、増大する一方の外的脅威に、たゆみないイノベーションによって対処する必要がある。生き残りと成長を確実にするには、新しいビジネスモデルを考案し続けることが欠かせない。そのためにはまったく新しい組織構造と技能が求められる。

図表**7-4**｜**リーン・スタートアップと従来の起業手法の違い**

リーン・スタートアップ手法を用いる起業家は、事業計画から出発するのではなく、まずはビジネスモデルの探索に取りかかる。試行とフィードバックを何度も繰り返し、有効なビジネスモデルが見えてきた時点で、ようやく実行に重点を移す。

	リーン・スタートアップ	従来の起業手法
戦略	ビジネスモデル	事業計画
	仮説を重視	実行を重視
新製品開発プロセス	顧客開発	製品マネジメント
	オフィスを飛び出して仮説を検証	プランをもとに一定の段階を踏みながら製品を準備
エンジニアリング	アジャイル開発	アジャイルまたはウォーターフォール開発
	やり直しを重ねながら少しずつ製品をつくる	やり直しをしながら、あるいは事前に仕様をすべて固めてからつくる
組織	顧客対応チームとアジャイル開発チームが主体	職能別組織
	学習意欲、柔軟性、スピードを重視した採用	経験と実行能力を重視した採用
財務報告	重要な指標	会計
	顧客獲得コスト、顧客の生涯価値、離反数、クチコミ効果	損益計算書、貸借対照表、キャッシュフロー計算書
失敗	予想される事態	例外的な事態
	アイデアを練り直し、うまくいかない場合は軌道修正する	幹部を更迭して立て直しを図る
スピード	迅速	計画通りのスピード
	妥当なデータをもとに事業を運営	完全なデータをもとに事業を運営

クレイトン・クリステンセン、リタ・マグレイス、ビジャイ・ゴビンダラジャン、ヘンリー・チェスブロー、イアン・マクミラン、アレクサンダー・オスターワルダー、エリック・フォン・ヒッペルといった、マネジメントの専門家は長年、大企業のイノベーションプロセス改善法についての理論を発展させてきた。しかし、ここ3年間でゼネラル・エレクトリック（GE）、クアルコム、インテュイットなどの大企業が、リーン・スタートアップ手法の実践に乗り出した。

一例としてGEのエナジー・ストレージ事業部は、リーン・スタートアップ手法を使ってイノベーションの進め方を変革しようとしている。ゼネラルマネジャーのプレスコット・ローガンは2010年、新たに開発したバッテリーには業界に風穴を開ける可能性があると考えた。そこで、既存製品のラインアップを増やす時のように、工場の建設、生産の拡大、製品の発売（やがて製品名はデュラソンと決まった）に向けた準備は行わず、代わりにリーン手法を導入した。ビジネスモデルの探求と顧客発見に着手したのである。

彼は部下たちとともに、将来の顧客と目される何十ものグローバル企業を訪ねてじかに話を聞き、潜在的な市場と用途を探った。これは売り込みの一環ではなかった。プレゼンテーション資料は携行せず、既存のバッテリーにまつわる顧客の問題意識や不満に耳を傾けた。産業用バッテリー購入の経緯、使用頻度、使用状態などを深く掘り下げた。そして、聞き取り内容をもとに対象顧客をがらりと変えた。

当初の対象セグメントのうちデータセンターを除外し、電力会社とガス会社を追加したのである。合わせて、「通信会社」という大くくりをやめて、電力網の信頼性が低い発展途上国の携帯通信事業者に対象を絞った。やがてGEは1億ドルを投じてニューヨーク州スキネクタディに世界一流のバッテリー製造工場を設け、２０１２年に操業を開始した。報道によれば、この新しいバッテリーは需要が極めて旺盛であるため、早くも受注残が生じているという。

＊　＊　＊

マネジメント教育は最初の１００年間、戦略立案とツールの考案に焦点を当て、既存事業の戦略遂行と効率向上に寄与してきた。最近では、起業時に新しいビジネスモデルを探すためのツールが、初めて登場してきている。偶然にもこれは、打ち続く混乱の諸要因に対処できるよう既存企業を助けるうえでも、ちょうどよいタイミングである。21世紀にはこれら諸要因のせいで、スタートアップ、小規模企業、大企業、政府機関など、あらゆる種類の組織で働く人々が、急激な変化の重圧を感じるだろう。

リーン・スタートアップ手法は、その重圧に正面から向き合い、迅速にイノベーションを実現し、既存事業を変革するのに役立つはずである。

【注】

（1）Steven Gary Blank, *The Four Steps to the Epiphany: Successful Strategies for Products that Win*, Cafepress.com, 2005. 邦訳は翔泳社、２００９年。

（2）Alexander Osterwalder and Yves Pigneur, *Business Model Generation: A Handbook for Visionaries, Game Changers, and Challengers*, Wiley, 2010. 邦訳は翔泳社、２０１２年。

（3）Eric Lies, *The Lean Startup: How Today's Entrepreneurs Use Continuous Innovation to Create Radically Successful Businesses*, Crown Business, 2011. 邦訳は日経ＢＰ社、２０１２年。

（4）Steve Blank and Bob Dorf, *The Startup Owner's Manual: The Step-By-Step Guide for Building a Great Company*, K & S Ranch, 2011. 邦訳は翔泳社、２０１２年。

第**8**章

プラットフォーム革命

ボストン大学 教授
マーシャル W. ヴァン・アルスタイン
テュレーン大学 教授
ジェフリー G. パーカー
プラットフォーム・シンキング・ラボ 創業者兼CEO
サンギート・ポール・チョーダリー

"Pipelines, Platforms, and the New Rules of Strategy"
Harvard Business Review, April 2016.
邦訳「プラットフォーム革命」
『DIAMONDハーバード・ビジネス・レビュー』2016年10月号

マーシャル W. ヴァン・アルスタイン
(Marshall W. Van Alstyne)
ボストン大学情報システム学部教授。同学部長も務める。また。マサチューセッツ工科大学（MIT）デジタルエコノミーイニシアティブのフェローを兼ねる。

ジェフリー G. パーカー
(Geoffrey G. Parker)
テュレーン大学の教授。専門はマネジメントサイエンス。また､MIT センター・フォー・デジタルビジネスのフェローを兼ねる。2016 年 7 月にダートマスカレッジのエンジニアリング担当教授に就任予定。

サンギート・ポール・チョーダリー
(Sangeet Paul Choudary)
プラットフォーム・シンキング・ラボの創業者兼 CEO。INSEAD のアントレプレナー・イン・レジデンスでもある。

3 人の共著に *Platform Revolution,* W. W. Norton & Company, 2016.（邦訳『プラットフォーム・レボリューション』ダイヤモンド社、2018 年）がある。

プラットフォームの新たな戦略ルール

2007年、携帯電話機の市場では上位5社、すなわちノキア、サムスン電子、モトローラ、ソニー・エリクソン、LGエレクトロニクスが、合計で全世界における利益の90%を押さえていた。同じ年、アップルのiPhoneが彗星のように現れ、市場シェアを伸ばし始めた。そして2015年には、iPhoneが単独で全世界の利益の何と92%を手中に収める陰で、既存メーカーで利益を上げるのは1社だけになっていた。

携帯電話市場におけるiPhoneの怒涛の躍進は、どう説明すればよいのだろうか。競合他社の止めどない凋落についてはどうか。ノキアなどの既存勢力は、絵に描いたような戦略的優位によって守られていたはずである。具体的には、十分な製品差別化、ブランドの信頼性、主流のオペレーティングシステム（OS）、優れたロジスティックス、保護的な規制、巨額のR&D予算、凄まじいまでの規模などだ。主力5社はおおむね、高い安定性と収益性を備え、その地位は揺るぎないように見えた。

たしかにiPhoneは、革新的なデザインと斬新な機能性を備えていた。しかし、アップルは2007年の時点では、並み居る巨大他社にとって恐れるに足りない、ひ弱な存在だった。デスクトップOSの市場シェアは4%にも満たず、携帯電話市場には参入すらしていなかった。

詳しくは後述するが、アップル（およびアンドロイドで競合するグーグル）は、プラットフォームの威力を活かし、それが可能にした新しい戦略ルールをてこにして、既存勢力を蹴散らした。プラットフォーム型事業を展開する企業は、高価値の取引場を用意して、製品やサービスのつくり手と買い手を引き合わせる。主な資産は情報とインタラクション（取引、協働、交流など）であり、これらもまた、価値創造と競争優位の源泉である。

この点を心得るアップルは、iPhoneとそのOSに、単なる製品、あるいはサービス提供手段に留まらない価値を見出していた。アプリの開発者と利用者という、異なる2種類のユーザーグループの橋渡しをし、両者のために価値を創造する手段として、iPhoneと搭載OSを位置付けていたのである。2種類のユーザーグループがともに拡大するにつれて、価値も増大していった。「ネットワーク効果」と呼ばれるこの現象こそ、プラットフォーム戦略の柱である。アップルのApp Storeは2015年1月の時点で140万種類のアプリを提供し、開発者に累計250億ドルをもたらしていた。

アップルは、従来型のモノを提供する企業でありながら、プラットフォーム型事業を見事に築き上げた。この成功事例は、さまざまな業界の企業に重要な示唆をもたらす。プラットフォームをうまく築けず、新たな戦略ルールを学ばないなら、その企業は遠からず競争から脱落するだろう。

パイプラインからプラットフォームへ

プラットフォームは従来から存在する。買い手と売り手を引き合わせるショッピングモール。購読者と広告主をつなぐ新聞。21世紀に入ってからの変化は、ITの恩恵により、物理的なインフラや資産を保有する必要性が激減したことである。ITを活用すれば、プラットフォームを以前と比べて極めて簡単に低コストで構築、拡大できる。このためほとんど摩擦を起こさずに参入して、ネットワーク効果を高めることができる。あわせて、膨大なデータを収集、分析、交換する能力が高まるため、関係者すべてにとってプラットフォームの価値が増大する。プラットフォーム型事業の具体例はここかしこにある。ウーバー、アリババ、Airbnb《エアビーアンドビー》などが、目覚ましい成長を遂げて、それぞれの業界で突如として大旋風を巻き起こした。

プラットフォームは多種多様ではあるが、例外なく生態系《エコシステム》を持つ。エコシステムの基本構造はすべて同様であり、4つのタイプの関与の仕方がある。プラットフォームの所有者は、統治《ガバナンス》と知的財産の管理を担う。提供者は、プラットフォームと利用者とを橋渡しする。つくり手は製品やサービスを生み出し、買い手はそれらを使う（**図表8**「プラットフォームエコシステムの関係者」を参照）。

プラットフォームの台頭による競争の変容を理解するには、何十年もの間産業界で重要な位置を占めてきた、従来の「パイプライン」型事業と、プラットフォーム型事業との違いを分析する必要がある。

パイプライン型事業とは、一連の活動を管理することによって価値を生み出す、バリューチェーンに依拠した事業の典型である。バリューチェーンの一端において、納入業者から仕入れた原材料などを投入すると、いくつもの段階を経て、より価値の大きな産出物すなわち最終製品ができ上がる。アップルのiPhone事業は、基本的にはパイプライン型といえる。しかし、アプリ開発者とiPhone所有者を引き合わせる場、つまりApp Storeが加わると、プラットフォーム型事業へと転換する。

図表**8**｜**プラットフォームエコシステムの関係者**

プラットフォームは、つくり手と買い手が出会えるようにインフラを提供して規則を設ける。そのエコシステムへの参加者が果たす役割は主に4つだが、各参加者の役割は目まぐるしく移り変わっていく。エコシステム内外の関係性を理解することが、プラットフォーム戦略のカギである。

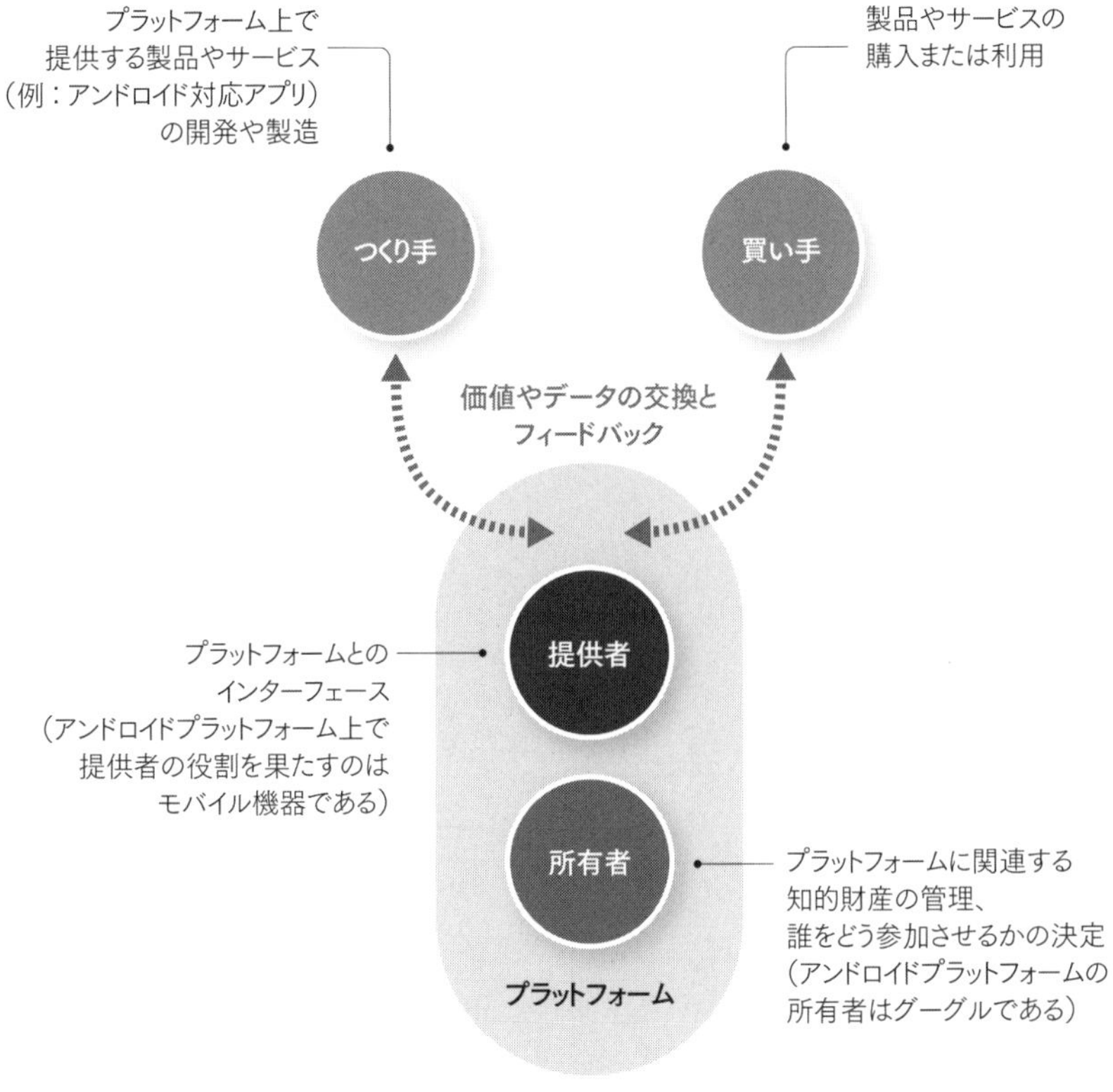

アップルの例からわかるように、企業はパイプライン型かプラットフォーム型、どちらかに特化する必要はなく、両方を兼ねることもできる。パイプライン型に特化した企業の多くも依然として高い競争力を保っているが、同じ市場にプラットフォーム型企業が参入すると、ほぼ例外なく後者に軍配が上がる。だからこそ、ウォルマート、ナイキ、ディア・アンド・カンパニー、ゼネラル・エレクトリック（GE）といったパイプライン型の巨大企業が、先を争うようにしてプラットフォーム型のビジネスモデルを取り入れようとしているのだ。

パイプライン型からプラットフォーム型への移行には、次の3つの大きな変化が伴う。

❶経営資源の管理から編成へ

戦略論のRBV（リソース・ベースト・ビュー）においては、企業は価値ある稀少資源（比類ないものであれば理想的である）を入手することによって競争優位を得る、とされる。パイプライン型事業においては、鉱床や不動産などの有形資産や、知的財産のような無形資産がこれに当たる。プラットフォーム型事業では、模倣や複製がしにくい資源、つまり、コミュニティと、そのメンバーが所有、拠出する、部屋、車両、アイデア、情報などである。言葉を換えるなら、つくり手と買い手のネットワークこそが主な資産なのである。

❷内部の最適化から外部とのインタラクションへ

パイプライン型事業においては、社内の労働力や経営資源を動員して、原材料の調達から販売、アフターサービスに至るまで、製品にまつわる一連の活動を全体として最適化することにより、価値を創造する。プラットフォーム型の場合は、外部のつくり手と買い手のインタラクションを促すことによって、価値を創造する。このように外部の力を活用するため、生産に伴う変動費さえも削減できる例が多い。業務プロセスの指図から参加者の説得へと力点が移り、エコシステムを統治する能力が必須となる。

❸顧客価値の重視からエコシステム価値の重視へ

パイプライン型事業では、製品やサービスを利用する個々の顧客、つまり、実際には一連のプロセスの終端に位置する人々の生涯価値の最大化が図られる。対照的にプラットフォーム型事業では、フィードバックに基づく循環・反復型のプロセスを通して、拡大するエコシステムの全体価値の最大化が追求される。そのためには時として、特定の顧客種別を優遇することによって、別の顧客種別を引き寄せることが必要となってくる。

以上3つの変化から、プラットフォーム型事業のほうが、競争が複雑でダイナミックであることが、はっきりする。マイケル・ポーターが指摘した5つの競争要因《ファイブフォース》（新規参入者の脅威、代替品や代替サービスの脅威、買い手の交渉力、売り手の交渉力、競争の激しさ）は、依然として当てはまる。しかし、作用の仕方が異なるほか、他の要因も関与してくる。それらに対処するには、プラットフォーム上でのインタラクション、アクセス（誰を参加させるか）、新たな業績指標に、十分な注意を払う必要がある。

本稿ではこれらを一つずつ検討していく。ただしその前に、優れたプラットフォーム事業すべての原動力、すなわちネットワーク効果について、詳しく述べたい。

ネットワーク効果の威力

工業化経済の原動力は、昔もいまも、供給サイドの規模の経済である。固定費用が莫大で限界費用が小さい状況下では、競争相手と比べて販売量の多い企業のほうが、平均コストが低くなる。したがって、値下げをして販売量を増やすことができ、さらなる値下げが可能になる。この好循環が独占的企業の登場をもたらす。供給サイドの規模の経済を通して、カーネギー鉄鋼会社、エジソン・エレクトリック（GEの前身）、ロックフェラーのスタンダード石油ほか、工業化時代を代表する数々の巨大企業が誕生した。

供給サイドが主導する経済においては、企業は経営資源をコントロールし、徹底的に効率化を推し進め、5つの競争要因がもたらす難題を跳ね除けることによって、市場で強大な地位を築く。このような場合、戦略の目標は周囲に堀を設けて自社を守り、敵の矛先を他社に向けさせることである。

これとは逆に、インターネット経済の原動力は需要サイドの規模の経済、すなわちネットワーク効果である。ネットワーク効果は、ソーシャルネットワーキング、需要の集約、アプリケーション開発など、ネットワークの拡大に寄与する現象を効率化する技術の力によって、高まっていく。

インターネット経済において競争相手よりも「量」を稼ぐ企業、つまり、より多くのプラットフォーム参加者を獲得する企業は、トランザクション当たりの提供価値も平均すると高くなる。なぜなら、ネットワークの規模が大きければ大きいほど、需要と供給がうまく合致するばかりか、合致相手を探すためのデータも豊富だからである。大規模なネットワークはより大きな価値を創出し、それがより多くの参加者を引き寄せるため、さらに価値が増大する。

この好循環もまた独占的企業の登場につながる。中国のeコマースの75%超を扱うアリババや、モバイルOS分野で82%、モバイル検索分野で94%のシェアを握るグーグル、また世界の主力ソーシャルプラットフォームであるフェイスブックは、ネットワーク効果を背景に誕生した巨大企業である。

5つの競争要因を柱とする競争論は、ネットワーク効果とそれが生む価値を考慮していない。外部の要因を、企業から価値を奪い取るものと見なし、それに対抗するために周囲に障壁を張りめぐらすべきだと説く。ところが需要サイド主導の経済においては、外部の要因はプラットフォーム型事業の価値増大に寄与する可能性がある。

したがって、供給サイド主導の経済下で企業にとって脅威となる納入業者や顧客の力は、プラットフォームにとっての資産と見なしうる。プラットフォーム戦略においては、外部の力がエコシステムの価値を増大あるいは減少させる状況についての理解が、極めて重要である。

プラットフォームはどう戦略を変化させるか

パイプライン型事業に関しては、5つの競争要因は比較的はっきりしており、あまり変化しない。セメントメーカーや航空会社は、顧客や競争環境を十分に理解しているし、売り手（納入業者）、顧客、競争相手の境界もかなりの程度まで明快だろう。後述する通り、プラットフォーム型事業ではこの境界は目まぐるしく変化しかねない。

エコシステム内部の力学

プラットフォームに参加する買い手、つくり手、提供者などは一般に、プラットフォーム型事業を展開する企業に価値をもたらす。しかし、自分たちのニーズがよりよく満たされる場がほかにあると考えた場合は、離れていくおそれがある。敵対勢力となって正面から競争を仕掛けてくるような、さらに頭の痛い展開もありうる。ジンガは当初、フェイスブック上で動くゲームを開発していたが、やがて、自社プラットフォームへの利用者の誘導を模索するようになった。アンドロイドプラットフォームの対応機器《デバイス》を提供していたサムスン電子とアマゾン・ドットコムも、自前のOSを開発してそちらに消費者を引き付けようと試みた。

これら関係者が新たに担う役割は、価値の増大か低減、どちらかだろう。たとえば、買い手とつくり手が役割を交換して、プラットフォームのために価値を創造する場合もありうる。

今日ウーバーを利用した人が、明日は運転者になるかもしれない。旅行者としてＡｉｒｂｎｂを利用した人が、翌日は宿泊者を迎える立場になる例もあるだろう。

対照的に、提供者がプラットフォームの価値を損なう側に回ることもありうる。プラットフォームの所有者と競争しようと決意した場合などが、顕著な例である。ネットフリックスは、通信会社のプラットフォーム上でコンテンツを提供する立場であり、自社の提供コンテンツと買い手との関わり合いを手中に収めることから、通信インフラに依存したままプラットフォーム所有者から価値を奪い取れる。

したがって、プラットフォーム型事業を展開する企業は、エコシステムの参加者に価値の増加につながる活動をたえず促す一方で、価値を損なう活動をしていないか目を光らせなくてはならない。この統治上の繊細な課題については後述する。

エコシステムが発揮する力

パイプライン型事業の経営者やマネジャーは、一見したところ無関係な業界からプラットフォームを武器に競争を挑まれる可能性を、見落としかねない。しかし、繁栄するプラットフォーム型事業はほとんど前触れもなく、新たな領域や、かつては異業種と見なされていた領域へと、積極的に進出する傾向がある。グーグルは、ウェブ検索に始まり、地図、モバイルOS、ホームオートメーション、自動運転、音声認識へと事業領域を広げてきた。

プラットフォーム型企業によるこのような策略の結果、既存企業にとっては競争相手が一夜にして入れ替わる可能性がある。ザ・スウォッチ・グループは、腕時計分野でタイメックスと競争する術は心得ているが、いまやアップルとも戦わなくてはならない。シーメンスは、サーモスタット業界でハネウェル・インターナショナルといかに競争すべきかを知っているが、現在はグーグル傘下のネストラボの挑戦を受けている。

競争上の脅威は、以下の3つのいずれかの形態を取る傾向がある。

第1に、ネットワーク効果に優れた既存プラットフォームが、顧客との関係性をてこに他業界から乗り込んでくる場合がある。製品には持ち味があり、プラットフォーム上には活用可能なコミュニティが形成されている。グーグルには、消費者との関係性、自社ネットワークが消費者にもたらす価値、IoT（モノのインターネット）への関心などがあるため、このテクノロジー業界の巨人が――必ずしもサーモスタット業界ではないにせよ――ホームオートメーション業界に参入することは、シーメンスの側でも予想していたかもしれない。

第2に、顧客層の重複する他社が、その顧客層に向けて、ネットワーク効果を活かせる特徴的な新製品や新サービスを投入してくるかもしれない。Airbnbのホテル業界への挑戦や、ウーバーによるタクシー業界への殴り込みが、その好例である。

第3に、同じ種類のデータを収集するプラットフォームの運営企業が、市場の垣根を超えて突如として参入してくる事例が、最近になって生まれている。貴重なデータ群が細分化されていて、それぞれ保有者が異なるような場合には、予想外の相手同士で競争が起きる可能性がある。具体例としてヘルスケア業界では、伝統的な医療サービス提供者のほか、フィットビットのようなウェアラブル機器メーカー、ウォルグリーンズなどの薬局がこぞって、おのおの持つ医療データをもとにプラットフォーム構築に乗り出している。おそらく、より広範なデータ群と、それに付随する顧客関係性を入手する目的で、しのぎを削るのだろう。

重点を置くべきところ

パイプライン型事業のマネジャーが重視するのは、売上げの増大である。彼らにとっては、提供した製品やサービス（およびそこから得られる売上高と利益）が分析の単位である。対するプラットフォーム型事業では、インタラクション、つまり、つくり手と買い手によるプラットフォーム上での価値交換に重点が置かれる。交換の単位、たとえば動画の視聴回数や投稿に対する「いいね！」の数は、あまりにささやかであるため、金銭の授受はほとんどないかもしれない。

それでもなお、インタラクション件数やそれに伴うネットワーク効果が、競争優位の最大の源泉なのである。

プラットフォーム型事業では、戦略上の重要な目的は、望ましい参加者を引き付け、望ましいインタラクション（いわゆる「コアインタラクション」）を実現し、ネットワーク効果を高め続けていくために、あらかじめ優れた企画・設計をしておくことである。これに関しては、マネジャーが見当違いのインタラクション種別を重視して失敗する例が、少なくないように見受けられる。通常はまず、インタラクションを参加者にとって価値あるものにして、それから量に重点を移すのが賢明である。本稿ではネットワーク効果の重要性をしきりに強調しているため、腑に落ちないかもしれないが、これは忘れてはならない点である。

繁栄するプラットフォームはたいてい、たとえ当初は量が稼げなくても、高い価値を生み出すインタラクション手段を一つだけ用意してサービスを開始する。やがて、隣接の市場へ進出したり、類似のインタラクション手法に対応したりして、価値と量をともに増やしていく。一例としてフェイスブックは、ハーバード大学の学生同士をつなぐという狭い目的から始め、のちに大学生全般にプラットフォームを開放し、最終的には誰でも利用できるようにした。リンクトインはプロフェッショナル同士の人脈づくりの場として出発した後、求人や出版などのサービスを提供して新たな市場へ参入した。

アクセスと統治

パイプライン型事業の戦略は、参入障壁の構築を軸とする。プラットフォーム型事業では、脅威への備えも重要ではあるが、戦略の重点は、生産と消費の障壁を取り除いて、最大限の価値を創造することに置かれる。この目的を果たすため、プラットフォーム型事業の上層部は、アクセス（誰をプラットフォームに参加させるか）と、統治（プラットフォーム上での買い手、つくり手、提供者、さらには競争相手の行動のコントロール）に関して、賢明な判断を下さなくてはならない。

プラットフォームは規則と基本設計《アーキテクチャー》から成る。所有者は、規則とアーキテクチャーがどれくらい自由ないし開放的であるべきか、決める必要がある。オープンアーキテクチャーは、プラットフォームのリソース（例：アプリ開発ツール）の使用を広く認め、新たな価値の源泉を生み出してもらう仕組みである。オープンガバナンスは、所有者以外の参加者が、プラットフォーム上での取引や報酬分配の規則を決められる仕組みだ。誰が規則を決めようと、カギとなるのは公正な報酬制度である。

仮にオープンアーキテクチャーを採用する一方で、報酬を分配しなければ、プラットフォームへの参加が見込まれる人々（アプリ開発者など）は、関与する能力があってもインセンティブは持たないだろう。規則と報酬に関して開放的な姿勢を取りながら、アーキテクチャーをどちらかというと閉鎖的な状態にしておくと、プラットフォームの参加予備軍は、インセンティブはあっても実際には参加できないだろう。

これらの判断は移り変わる場合もある。プラットフォームは往々にして、最初はかなり閉鎖的なアーキテクチャーとガバナンス方針を採用するが、やがて新しい種類のインタラクション手法や価値の源泉を取り入れて、開放的になっていく。とはいえ、いずれにしても例外なく、つくり手と買い手に「インタラクションを通してアイデアやリソースを共有しよう」という気になってもらわなくてはならない。効果的な統治を行うと、部外者はそのプラットフォーム上で貴重な知的財産を紹介しようとするだろう。ジンガがソーシャルゲームのファームビルをフェイスブック上で提供したのは、その例である。パートナー候補が「うまく利用されるだけではないか」と不安を抱くと、このようなことは起きないはずだ。

一部のプラットフォームは、「イノベーションに承諾はいらない」という方針を取ることにより、大きな価値を持つ製品やサービスの創造を促す。所有者が、プラットフォームに関わる発明を自由に認め、そこから生まれた価値を発明者にも分配すると約束するのである。

一例としてロビオ・エンタテインメントは、アップルの承諾なしにそのOS上でアングリーバードというゲームを製作できたし、アップルから知的財産を奪われる心配はないと大船に乗っていられた。その結果、ゲームが大ヒットして、プラットフォームの全参加者に凄まじい価値がもたらされた。ところが、グーグルのアンドロイドプラットフォームは、提供者に対してさらに開放的な方針を取ることによって、いっそう多くのイノベーションを開花させてきた。この判断が一因となって、２０１６年初めにグーグルは時価総額でアップルを抜き去った（１９８０年代にマイクロソフトがアップルの時価総額を超えたのと同様である）。

ただし、プラットフォームへのアクセスを無条件に認めると、インタラクションを妨げる不正、行きすぎ、コンテンツの質の低下といった弊害を生み、価値を毀損するおそれがある。実際にこの問題に直面した企業もある。たとえば、国境を超えて無作為に抽出された人々同士にビデオチャットの機会を提供する、チャットルーレットである。同社は凄まじい勢いで事業を拡大していたが、問題が起きたせいで不意に窮地に陥った。当初は参加ルールがなく完全に開放的であったため、文字通り毛むくじゃらの男性が裸で参加する事態になり、良識ある人々はいっせいにこのサービスに背を向けた。これを受けてチャットルーレットは、さまざまなフィルターを用いて利用者を絞り込み、開放的な姿勢を後退させた。

同様に、プラットフォーム型事業の成功例はたいてい、正のネットワーク効果を最大限に引き出すために、開放の度合いを調節している。Ａｉｒｂｎｂとウーバーは、ホストやドライバーの評価制度を設けたり、彼らを守る手立てを講じたりしている。ツイッターとフェイスブックは、ストーカー行為を防ぐ手段を用意している。アップルのＡｐｐ　ＳｔｏｒｅとＧｏｏｇｌｅ　Ｐｌａｙストアはどちらも、粗悪なアプリを排除している。

業績指標

パイプライン型事業のリーダーはかねてから、少数の指標をもとに事業の健全性を判断してきた。たとえば、この種の事業が成長するのは、業務プロセスの最適化やボトルネックの解消によってであり、標準的な指標の一つである在庫回転率は、パイプライン上の製品やサービスの流れを追跡するうえで役に立つ。十分な量の製品を送り出し、大きな利幅を得れば、悪くない収益率を確保できるはずである。

ところが、パイプライン型事業を行ってきた企業がプラットフォーム型事業を手がける場合は、監視すべき指標が異なってくる。コアインタラクションの成果に目を光らせ、押し上げることが、重要になるのだ。以下に挙げるのは、新たに把握すべき項目である。

●すれ違い

もし旅行者がリフト(ウーバーの競合)のアプリを立ち上げて、「利用可能な車はありません」というメッセージを受け取ったら、リフトのプラットフォーム上で需要と供給がすれ違ったことになる。このようなすれ違いは、ネットワーク効果の低減に直結する。このメッセージにたびたび接した人々はリフトの利用をやめるため、稼働時間が減ると運転者までもがリフトに背を向け、利用できる車の数はいっそう減っていくだろう。こうした連鎖はプラットフォームの力を左右する。

●関与の度合い

健全なプラットフォームは、エコシステムの参加者たちの関与度合い、具体的には、コンテンツ共有や再訪といったネットワーク効果を高める行動をどれくらい取っているかを、追跡する。たとえばフェイスブックは、関与度向上を目指す取り組みの効果をつかむために、日常的にフェイスブックを開く人と、月に一度くらいしか開かない人との比率を測定している。

●マッチングの質

利用者とつくり手のニーズが合致しないと、ネットワーク効果が衰えてしまう。グーグルは、利用者の要望に沿うよう検索結果を精緻化するために、クリック行動や表示内容の参照状況をたえずモニタリングしている。

●負のネットワーク効果

プラットフォームの管理が稚拙な場合、往々にして他にも問題が生じて、悪循環と価値低減につながる。一例として、ネットワークが野放図に拡大して混雑や過密を引き起こすと、参加意欲がくじかれるだろう。チャットルーレットが痛感したように、不適切な行いも同様の結果につながる。マネジャーは負のネットワーク効果に神経をとがらせ、それを抑制するために、トラブルメーカーの排除や特典の取り下げといった統治手段を用いなくてはならない。

なお、プラットフォーム型事業の推進主体は、プラットフォームを取り巻くコミュニティとそのネットワーク効果の金銭的価値についても、理解しておかなくてはいけない。考えてほしい。２０１６年の時点でプライベートエクイティ市場は、２００９年設立の需要主導型のウーバーを、１９０８年設立の供給主導型のゼネラルモーターズよりも高く評価しているのだ。

ウーバーへの出資者たちが、伝統的な財務数値や評価指標だけに囚われず、より広い視点から同社の企業価値と可能性を算定したのは明白である。ここからも、ルールが変化したことがはっきりとうかがえる。

＊　＊　＊

プラットフォーム型事業には従来とは異なる戦略手法が求められるため、リーダーシップのスタイルも新しいものが必要となる。社内の経営資源を手堅く管理するためのスキルは、外部のエコシステムを育てる仕事には適さない。

純然たるプラットフォームは、おのずと外部志向で築かれる。しかし、パイプライン型事業を手がける旧来企業が、既存事業に加えてプラットフォーム型事業を企画、統治し、迅速に拡大していくには、新たな中核的な能力（コアコンピテンシー）と発想を培わなくてはならない。このような飛躍をうまく遂げられないことが、輝かしい実績を持つ従来型のビジネスリーダーが、時としてプラットフォーム型事業の舵取りでつまずく理由である。メディア王として知られるルパート・マードックは、ソーシャルネットワークのマイスペースを買収して、新聞社と同様に経営した。トップダウン型の官僚的な手法を用いて、エコシステムを育成して参加者のために価値を創造することよりも、社内の業務運営を管理することに重点を置いたのである。やがてマイスペースのコミュニティは消滅し、プラットフォームも凋落した。

ホテル、ヘルスケア、タクシーなど、旧来事業が陥った不安定な状況は、新しい手法への移行への失敗によって説明できる。パイプライン型企業の先行きは厳しい。プラットフォーム型事業に進出するために新たな戦略のルールを学ぶか、さもなければ、出口戦略を練り始めることだ。

ネットワークが促す外部志向への転換

パイプライン型企業はかねてから、顧客サービスなど社内の職務をアウトソーシングしてきた。しかし、現在ではさらに踏み込んで外部ネットワークを組織化し、かつては自前でこなしていた職能活動を補完ないし完全に肩代わりしてもらう方向へと進んでいる。

外部志向への転換はアウトソーシングの拡大につながる。企業は以前であれば、よく知った取引先に設計仕様を提供していたかもしれないが、いまや、知りもしない第三者から、想像もしなかったようなアイデアを引き出す。価値創造につながる活動が直接的なコントロールの対象ではなくなり、組織外で行われるようになるにつれて、企業は外向きの姿勢を強めている。

マーケティング部門の役割はもはや、社外へのメッセージを社内で手配することではなくなっている。現在では、消費者自身によるメッセージの作成と拡散にまで関わっているのだ。観光地のマーケターは、旅の動画をネット上に投稿してソーシャルメディアで拡散するよう、消費者に働きかけている。オンライン眼鏡店のワービーパーカーは、何種類もの眼鏡を試して写真を撮り、ネット上に掲載して友人にどれがよいか相談するよう、顧客に勧めている。顧客は似合う眼鏡を選ぶことができ、ワービーパーカーはクチコミ効果を得る。

IT部門は従来、社内システムの管理を主に担っていたが、次第に社外のソーシャルネットワークやコミュニティのつながりを支援するようになってきている。Tシャツ製作サイトのスレッドレスは、顧客との双方向のコミュニケーションを図るだけでなく、顧客同士のコミュニケーションをもお膳立てしている。顧客たちは、互いに協力して最高のTシャツをデザインしてくれる。

人材開発部門は、ネットワーク上の知見を社内の人材の質的向上に活かす傾向を強めている。企業向けソフトウェア業界の雄SAPは、開発者が問題点や解決策について意見や情報を交換するための社内システムを、社外のエコシステム、つまり、事業パートナーとその客先、両方の開発者に開放している。このような情報共有は、製品開発と生産性に好ましい効果をもたらし、サポート費用の低減につながっている。

財務部門は従来、会計情報をもっぱら社内の帳簿に記録してきたが、最近では一部の取引について、社外と共有の言わば「分散型」の帳簿上に記録している。IBM、インテル、JPモルガンなどが導入したブロックチェーン技術は、セキュリティ環境下での帳簿共有を可能にする。権限さえあれば誰でも帳簿を参照でき、個々の取引記録から集計結果まであらゆる情報を吟味できる。これによってたとえば、クラウドソーシングを通して会計原則の遵守を図ったり、社外の幅広い関係者から財務管理に関する意見を募ったりすることができる。このようなやり方で会計情報を開示すると、大勢の知恵を活用すると同時に、誠実さを印象付けることができる。

業務運営・物流部門はかねてから、ジャスト・イン・タイム方式の在庫管理を重視している。しかしこの手法は、「他人様の在庫」（部屋やアプリなど、ネットワーク参加者の資産）の管理に取って代わられる例が相次いでいる。実際のところ、仮にマリオットインターナショナル、イエローキャブ、NBCユニバーサルなどがパイプライン型事業のバリューチェーンにプラットフォームを追加していたなら、Airbnb、ウーバー、ユーチューブはけっして誕生しなかっただろう。

波及効果の活用

正の波及効果は、プラットフォーム上でのインタラクションの急増に寄与する。一例として、プラットフォーム上で書籍が購入されると、他の参加者にとって有益なおすすめ情報が生まれ、購入増を促す。このような力学は、ネットワーク効果は往々にして、同種のインタラクション（例：書籍購入）間で最も強い、という事実を活用している。それに引き換え、タスクラビットのような便利屋仲介プラットフォームを介して、さまざまな都市での荷物の引き取りや庭仕事を受発注するような、互いに無関係なインタラクションが積み重なっても、大きなネットワーク効果は期待できない。

配車サービスについて考えたい。ウーバーの利用はそれだけでも、乗り手と運転者の双方にとって大きな価値のある、好ましいインタラクションである。プラットフォームの参加者が増えると、ウーバーが両者にもたらす価値も大きくなる。乗り手は車を、運転者は乗客を、それぞれ見つけやすくなるのだ。波及効果が加わると、参加者にとってのウーバーの価値はいっそう増大する。乗り手と運転者とのインタラクションに基づくデータ、すなわち双方の評価《レビュー》があると、他の利用者にとっても、プラットフォーム価値は高まる。同様に、個々のインタラクションが乗り手のニーズにどれだけ合致したかを示すデータは、プラットフォーム上での最適運賃の決定に役立つ。これもまた重要な波及効果である。

第 9 章

自社をプラットフォーマーに転換する法

マサチューセッツ工科大学 スローンスクール・オブ・マネジメント 客員准教授
アンドレイ・ハギウ
マサチューセッツ大学ローウェル校 助教
エリザベス J. アルトマン

"Finding the Platform in Your Product"
Harvard Business Review, July-August 2017.
邦訳「自社をプラットフォーマーに転換する法」
『DIAMONDハーバード・ビジネス・レビュー』2018年6月号

アンドレイ・ハギウ
(Andrei Hagiu)
マサチューセッツ工科大学スローンスクール・オブ・マネジメントの客員准教授。技術革新、起業、戦略経営を担当。

エリザベス J. アルトマン
(Elizabeth J. Altman)
マサチューセッツ大学ローウェル校マニングスクール・オブ・ビジネスの助教。戦略経営を担当。ハーバード・ビジネス・スクールの客員研究員。かつてはモトローラの戦略・事業開発担当バイスプレジデントを務めた。

オンラインでもリアルでもプラットフォーマーに転換できる

世界で最も企業価値が高い企業10社のうち5社——アップル、アルファベット、アマゾン・ドットコム、フェイスブック、マイクロソフト——はその価値の多くを、当事者間のやり取りや取引を促進する「マルチサイド・プラットフォーム」（ＭＳＰ）から得ている。いわゆるプラットフォーマーの多くは、同じ業界で製品・サービスのみを提供する企業よりも価値が高い。たとえばＡｉｒｂｎｂ《エアビーアンドビー》は現在、世界最大のホテルチェーン、マリオットを企業価値で上回る。

しかし、プラットフォームビジネスとして誕生したのではない企業は、製品・サービスを（少なくとも部分的には）ＭＳＰに転換できるということにまず気づかない。仮に気づいたとしても、それを実現するための戦略がわからずにおろおろすることが多い。本稿では、プラットフォーマーへの転換をどのようにして実現するかというフレームワークを提示したい。

製品・サービスをＭＳＰに転じる4つの方法を具体的に示し、それぞれの戦略的なメリットや落とし穴を検討する。これらの方策はオンラインビジネスにも、そうでないリアルなビジネスにも当てはまる。

そもそもなぜ、製品・サービスをＭＳＰに転換しようとするのか。インテュイットのある幹部が言ったように、最終的に行き着くのは「不安と欲」である。

欲とはもちろん、新たな収益源を見つけて成長を加速させ、企業価値を高めようとすることだ。不安とは、既存のライバルや新しいライバルに製品・サービスのシェアを奪われる危険性をいう。製品・サービスをＭＳＰに転換すれば、企業の競争優位を高め、ネットワーク効果やスイッチングコストの上昇によって参入障壁を高くすることができるかもしれない。

すべての企業がＡｉｒｂｎｂやアリババ、フェイスブック、ウーバーを真似るべきだと言うのではない。だが製品・サービスにＭＳＰの要素を加えることで、多くの企業が何らかの恩恵を被るだろう。

筆者らの目標は、どうすれば製品・サービスがＭＳＰになれるか、またどんな課題や機会が生じるかをマネジャーが理解し、その変化を起こすかどうかの決定を下せるようにすることである。

筆者らのフレームワークは、製品をＭＳＰへ転換する中で十数社の企業（以下で言及する数社を含む）を調査し、助言を行ってきた経験に基づくものだ。本稿をもとにして、各マネジャーは戦略オフサイトミーティングを開き、そこで各人に既存の製品・サービスをめぐるプラットフォーム戦略の明確化というタスクを付与するとよいだろう。

その際、次のような問いに答える必要がある。①会社の製品・サービスの一部または全部をＭＳＰにするメリットがあるか、②そうすることにリスクは伴うか、③そうした転換のためにはどんなリソース、関係（顧客とのやり取りを含む）、組織変更が必要か。

通常の製品・サービスがＭＳＰでない理由は、それが多数のグループに対応するわけでも、顧客やグループ間のやり取りを促進するわけでもないからだ。本稿では、通常の製品・サービスがこのギャップを埋め、ＭＳＰになるための４つの方法を検討する。

シナリオ1　他社に門戸を開く

このシナリオでは、自社の製品・サービスには、他の製品・サービスの売り手（他社）が関心を持つ大規模な顧客ベースがあることが前提になる。

そうした他社が自社の顧客に「接続」できるようにすれば、自社はプラットフォーマーになる。「接続」とは、それらの顧客に宣伝もしくは販売すること（またはその両方）をいう。他社の製品は自社の製品・サービスと無関係でもよいし、自社の製品・サービスと組み合わせて使うアプリケーションやモジュールでもよい。

3つの例を考えてみよう。

インテュイットは、消費者や中小企業向けの財務管理、会計および税務ソフトウェアを販売する米国の大手企業である。最近6年ほど、主力商品の中小企業向け財務会計ソフト、クイックブックスをMSPにするため、思い切った策を講じてきた。アプリケーション・プログラミング・インターフェース（API）を開放したほか、他社の開発者がソフトウェア製品を開発し、クイックブックスの顧客に販売するための開発者プログラムやアプリケーションストアを導入した。これらの製品はクイックブックスが提供する、中小企業の財務状況に関するデータを活用している。また2013年からは、クイックブックスの顧客はクイックブックス・ファイナンシングというサービスを通じて、複数の他社金融機関に直接融資を申し込むことができる。

ヘルスクラブはジムの中のスペースを専門スタジオに貸し出すようになってきた。これによって専門スタジオはヘルスクラブの会員にサービスを提供できる。またクラブ側も従来以上に多様なクラスを開設できるので、既存の会員を維持し、新しい会員を惹き付けるのに効果がある。たとえばアトランタのフォーラム・アスレチック・クラブは最近、サイクリングスタジオの全国チェーンであるサイク・フィットネスと契約を結んだ。サイク・フィットネスはいま、フォーラムの2万2000平方フィートのジム内で独立したスタジオを運営している。

日本のコンビニエンスストアチェーンのローソンは、1990年代に各店舗をMSPに転換し始めた。そこでは顧客と他社のサービス提供者間の取引が容易になる。現在、ローソンの顧客は最寄りのコンビニを訪れるだけで、電気代やガス代、保険料を支払い、荷物の送付や受け取りを行い、ネットで注文した品物を受け取ることができる。

自社の製品・サービスがこのシナリオにおける真のMSPとなるには、その製品を通じて、自社の顧客と他社の間に何らかの接続（つながり）ができなければならない。インテュイットはクイックブックスの匿名化された集計データを他社の開発者や金融機関に売るだけでもよかった。そうすれば新しいサービスとして利益を上乗せできたはずである。ただし、クイックブックスをネットワーク効果のあるMSPに転じることはできなかっただろう。

この種の転換が意味を成すには、製品・サービスがブランドを確立し、大規模な顧客ベースを有していなければならない。だが、それだけでは他社の関心を得られない。さらに以下の条件のいずれか、または両方を満たす必要がある。

多くの顧客の基本ニーズを満たすが、まだ満たされていない多様な顧客ニーズも存在する

他社は、自社の製品を補完する製品・サービスによってそのギャップを埋めることができる。インテュイットのアプリケーションストアの他社アプリは、クイックブックスが満たしていない顧客ニーズや市場ニッチをターゲットにしているものが大半である。

顧客との頻繁なやり取りを生み出す

すると、必ずしも補完的ではない他の製品・サービスにとって、いわゆるワンストップショップになる可能性が高い。ローソンの顧客が利用できる他社サービスは、ローソン自身の製品・サービスとはほとんど無関係だが、顧客にすれば同じ場所ですべてのサービスが利用できるのは極めて便利である。

ＭＳＰに対するこのアプローチにはいくつかの落とし穴があるため、それらを認識しておくことが重要である。

まず、主に製品・サービス目当てで自社のところへ来る顧客は、他社の製品・サービスの広告を嫌う可能性がある。自社の製品にお金を払っている場合は特にそうだ。インテュイットもクイックブックス

経由で提供するサービスを探し始めた時、この問題に直面した。その結果、同社はクイックブックス顧客のニーズや要望に合った製品・サービスしか認可せず、対象となる他社の製品・サービスのテストに参加する際は明確な同意を得るという慎重な姿勢を取っている。さらに同社は、顧客の認識を変え、反発を最小限に抑えるため、クイックブックスを「中小企業向けのオペレーティングシステム」としてリブランドした。

もう一つの落とし穴は、自社がすでにサービス提供者として顧客と関係を築いているため、顧客が他社とのやり取りの質についても自社に責任を負わせようとするかもしれないということだ。他社に自社の顧客とのやり取りを許せば、プラットフォーマーとして誕生した企業以上に、自社は彼らの製品・サービスを暗に認めていることになる。たとえば、ヘルスクラブのジムで他社のスタジオが提供するスピニングクラスを受講する顧客は、嫌な経験をした時はそのヘルスクラブを非難するだろう。したがって、この場合は、プラットフォーマーとして誕生した企業以上に、他社の製品・サービスを注意深く監督しなければならない。

最後に、他社の製品・サービスの中には、自社の製品・サービスと食い合いになるものがあるかもしれない。自分の製品を補完するもの、あるいは自分の製品と無関係なものしか認めないのが自然な流れではあるが、その方法は過ちを招くおそれがある。場合によっては、自分の製品と何かしら競合するものを選び、その結果生じる価値を顧客に届けるのが理にかなっているかもしれない。

フォーラム・アスレチック・クラブは自社のサイクリングクラスをサイク・フィットネスのクラスに置き換え、それを自社のジムで提供した。サイクのスピニングクラスのほうが会員に人気があることがわかり、おかげでフォーラムは他のサービスに資源を集中させることができる。同時に、サイクを競争相手から補完企業にすることもできた。

つまり、他社による置き換えが避けられない時は、彼らをMSP上に乗せれば、顧客へのアピールが全体として高まり、結果的に需要が増し、自社のサービスの販売機会も増える可能性があるということだ。

また、競争において自社の核となる強みを再評価し、そこへ専念するきっかけになる可能性もある。分野によっては他社に道を譲るのである。

シナリオ2　顧客をつなぐ

このシナリオでは、自社は2つの顧客セグメントに製品・サービスを販売しており、その両セグメントは自社の製品以外の領域で互いに交流または取引をしていることが前提となる。ここでプラットフォーマーになろうとするなら、その交流または取引の少なくとも一部が自社の製品・サービスを通じて生じるように、自社の製品・サービスを修正または拡大するとよい。

クイックブックスは中小企業と会計専門家の両方に利用されている。インテュイットは現在、クイックブックス内にマッチメイキング機能を付加しようとしている。これによって中小企業は同じ地域のしかるべき専門性を持つ会計士を探すことができ、すでにペアとなった企業と会計士は、クイックブックスを通じて書類を交換することができる。

ガーミンなどのフィットネス・ウェアラブルは、一般消費者と個人トレーナーの両方に利用されている。こうした製品を提供する多くの企業は、フィットネストレーニングのデータや健康データを保存するためのオンラインシステムも運営している（ガーミンコネクトなど）。ガーミンの利用者は個人トレーナーとデータを共有することができ、その結果、両グループ間の交流が盛んになる。この戦略による価値をさらに確保するため、ガーミンはトレーナーに「プロ」向け購読料を請求することもできる。つまりトレーナーはこのソフトウェアツールを使って、顧客データにアクセスし、活動内容や進捗を管理するのである。

このシナリオが重視するのは、同じ製品・サービスの異なる顧客セグメントがどのようにMSP上の顧客グループになるかだ。

たとえば、男性と女性はヘアサロンの顧客セグメントである（ヘアサロンは男女間の交流を促さない）が、異性とのデートサービスについては顧客グループである。顧客セグメントに対してマッチメイキングサービスを提供し始めた起業家的なヘアサロンは、男性と女性を顧客グループに転換することができる。

この戦略には落とし穴が2つある。まず、自社や顧客に付加価値をほとんどもたらさない特徴に資源を無駄に投じる危険がある。さらに、MSPとしての特徴が自社の製品・サービスの本来の価値と合っていないと顧客が感じたら、それはむしろ障害になりかねない。マッチメイキングサービスを提供するヘアサロンの顧客の中には、マッチメイクされてもうまくいかないおそれがあり、そんな危険は冒したくないと考える者もいるだろうし、デートサービスを提供するようなヘアサロンはヘアカットの技量を磨くことに集中していないのではないか、と心配する者もいるだろう。

ブリザード・エンタテインメントの人気ゲーム、ディアブロの不運なオークションハウスのケースが教訓になる。

ディアブロのプレーヤーが、イーベイなどの外部プラットフォーム上でデジタルアイテムを日常的に取引しているのに気づいたブリザードは、そうした取引をもっと簡単にするためのオークションハウスを2012年に開設。その結果、プレーヤーは実際のお金のほか、「ゴールド」(ディアブロ内のデジタル通貨)と引き換えにデジタルアイテムを売買できるようになった。そしてブリザードには取引手数料が入った。

ところが、この特徴は逆効果を生むことがすぐ明らかになる。何時間もかけてモンスターをやっつけ、戦利品を探すよりも、オークションハウスでアイテムを買ったほうが上のステージへ進みやすい、と多くのプレーヤーが考えたのだ。オークションハウスで売るためだけの目的でゲームアイテムを集めようとするプレーヤーもいた。そんなことをされたらゲームそのものの価値が台無しになると気づき、ブリザードは2014年にオークションハウスを閉鎖した。

市場調査や実験を通じて以下の問いに答えることが必要不可欠である。

当社の製品・サービスのさまざまな顧客セグメントの大部分が、互いの交流や取引から大きなベネフイットを得られるか。もし得られるなら、当社の製品・サービスはそうした交流を大きく強化できるか。MSP的な特徴の追加に顧客はどう反応するか、また、その特徴は当初の製品・サービスと顧客との関わりにどう影響するか。

シナリオ1の場合と同様、第2の落とし穴は、自社の製品が2つの当事者間のつながりや取引を促進していたとしても、一方の当事者が他方の当事者に不満を覚えたら、自社も部分的に責任を問われかねないことだ。つまり、満足できないやり取りが起きる可能性を（なくすとは言わないまでも）最小限に抑えるガバナンス構造を整備しておく必要がある。インテュイットはマッチメイキング機能を通じて、クイックブックスの顧客に推薦する会計士を注意深く監督しなければならない。

シナリオ3　製品をつないで顧客をつなぐ

このシナリオでは、自社は2つの製品またはサービスをそれぞれ異なる顧客ベースに販売しており、その2種類の顧客ベースは自社の製品・サービスとは無関係な場所でつながっていることが前提になる。この場合は、そのつながりや交流の少なくとも一部が自社の製品・サービスのどちらか（または両方）を通じて生じるように、自社の製品・サービスを修正または拡大すれば、プラットフォーマーになることができる。

カーズ・アゲインスト・ヒューマニティは、人気のゲームである。プレーヤーはステートメントの空欄に、カードに印刷され面白い（しばしば下品な）言葉やフレーズを入れてこれを完成させる。制作者はこのゲームおよび数々の拡張パックを消費者に販売し続ける一方、自身の製品を販売しようとする独立のアーティスト（他のカードゲームの他社開発者など）にバックエンドのフルフィルメントサービス（クレジットカード処理、顧客サービス、出荷）を販売するためのウェブサイトである、ブラックボックスも別途開設している。

現在、これらは別々のサービスであるが、一つにリンクさせればMSPをつくることができる。たとえば、ブラックボックスの顧客が拡張パックを使って自分のゲームを、カーズ・アゲインスト・ヒューマニティのユーザーに宣伝するのを認めてもよい。もっと高度な方法としては、ブラックボックスの顧客が、カーズ・アゲインスト・ヒューマニティのユーザーの有志に、ゲームのコンセプトをテストし、フィードバックを受けるということも考えられる。

エキファックス、エクスペリアン、トランスユニオンなどの信用情報機関は、消費者向けの一連のサービス（クレジットスコアへのアクセス、個人情報盗難の防止など）、金融機関向けの一連のサービス（消費者および企業に関するクレジットリポート）を提供している。これらのサービスは同じデータに基づいているが、消費者と金融機関という2種類の顧客はそのサービス以外の場所でやり取りがある（消費者が住宅ローンを申し込む場合など）。信用情報機関はそうしたやり取りを直接促してはいない。

オンラインのMSPがつくられれば、消費者はそこでクレジットスコアを入手し、金融機関から必要なサービスを受けることができる（これはクレジットカルマやレンディオといったスタートアップ企業のビジネスモデルである)。このMSPはさらに、消費者によるデジタルデータプロファイルの作成・管理を可能にし、彼らはこれを使って参加機関の金融商品を直接申し込むことができる(インテュイットの「クイックブックス」の顧客が「クイックブックス・ファイナンシング」を通じて金融商品を申し込めるのと同じである)。

ニールセンはメディア企業に「ウォッチ」商品(消費者が何を見るかというデータ)を、消費財メーカーに「バイ」商品(消費者が何を買うかというデータ)を提供している。すると次に、消費財メーカーが広告目的でしかるべきメディア企業とつながることができるようなサービスが追加されるのは、想像にかたくない。

このシナリオが重視するのは、多品種を扱う企業がどうやったら、ネットワーク効果の恩恵を受けるプラットフォーマーになれるかということだ。

たとえば、クレジットサービスや個人情報盗難防止サービスの消費者への売上げを増やすことで、信用情報機関は(消費者データを利用した)金融機関向けのサービスを改善し、それによって製品・サービス全般の規模の経済を拡大することができる。それだけでも価値はあるが、(上述のように)その2種類のサービスを関連付けて消費者と金融機関のやり取りをさらに促進すれば、もっと大きな価値を創出、獲得できる。これによってMSPがつくられ、ネットワーク効果が生まれる。

つまり、クレジットサービスや個人情報盗難防止サービスの利用者が増えれば、金融機関向けサービスの価値が高まり、すると金融機関はもっとたくさんの消費者ともっと効果的に取引できるのである(逆も同様）。

この戦略にはリスクが2つ伴う。第1に、シナリオ2と同じく、自社の本来の製品・サービスに比べて、会社や顧客にほとんど価値をもたらさない特徴に資源を無駄使いする可能性がある。第2に、異なる製品の顧客同士のやり取りを最適化しようとすれば、どちらかの製品の成長ポテンシャルを限定するような設計が選択されるかもしれない。

ここでもやはり、市場調査や実験を通じていくつかの問いに答えなければならない。すなわち、自社の製品・サービスのそれぞれの顧客のうち、自社を通じた交流や取引からより大きなベネフィットを得る人が相当な割合いるか。もしいるなら、自社の製品・サービスはそうした交流を大きく強化できるか。2つの製品・サービスの顧客はMSP的な特徴の追加にどう反応するか。その特徴は当初の製品・サービスと顧客との関わりにどう影響するか。

シナリオ4　プラットフォーマーに製品・サービスを供給する

このシナリオでは、自社の「顧客の顧客」向けの製品・サービスをつくることでプラットフォーマーになる。その製品・サービスは、彼らが自社の顧客から購入する製品・サービスの価値を高めるものである（この戦略は論理的には可能だが、成功の例はまだ知られていない）。

この戦略は伝統的な「成分ブランド」戦略（これも「顧客の顧客」に対するアプローチ）を超えた存

在であることを強調しておかなければならない。たしかに、顧客の顧客という視点でブランドを築いた（必須）成分サプライヤーもおり（たとえばインテルの「インテル、入ってる」）、おかげで彼らは顧客からもっと価値を引き出すことができる。だが、こうした成分サプライヤーは顧客の顧客に直接製品・サービスを提供しないので、プラットフォーマーではない。

このシナリオの大きな落とし穴は、自社の顧客が、自分たちの顧客にアプローチしようとする動きに否定的な反応をする可能性が高いことだ。それでも、一定の条件下ではこの戦略はうまくいくと筆者らは考えている。重要なのは、「私たちが自社の顧客に提供する製品・サービスは、自社の製品・サービスと競合するものではなく、これを補完するものである」ということを顧客に納得させることだ。

ショッピファイは、オンライン業者や小売業者にeコマースツールを提供する有力企業である。同社は現在、顧客の製品・サービスの利用者とは直接のつながりを持っていない。しかし、顧客のサイトの利用者に対して、よくあるログインプログラムやロイヤルティプログラムを提供し始めることはできる。このような取り組みが成功するかどうかは、ショッピファイが顧客である業者に「このサービスは貴社の顧客関係を支配しようとするものではなく、価値ある付加サービスである」と説得できるかどうかにかかっている。

＊　＊　＊

製品・サービスをＭＳＰに転換するかどうか、それにはどうすればよいかの判断に際しては、いまの顧客は誰か、彼らとどのようにやり取りしているか、顧客同士は互いにどうやり取りしているかを知らなければならない。これに伴う最も基本的な課題は、顧客が提供を受ける製品・サービスを１００％支配できる世界から、(他社または他社同士のやり取りによって)顧客のために創出される価値に影響を与えることしかできない世界へ移行できるかどうかだ。

最後に検討すべき点は、組織上の課題とリーダーシップ上の課題である。製品の開発や提供に根差した確かな評判を得ている企業の場合、そうした製品に深く肩入れしている社員にとって、MSP重視戦略への移行は難しいだろう。

また、製品・サービスの販売に成功している企業はR&D機能が充実していることが多く、リーダー職に就くエンジニアの数も多い。だが、他社との関係をうまく管理しなければならないMSP戦略への移行に当たっては、事業開発やマーケティングの専門家を重要なリーダー職に就ける必要があるため、内紛が生じかねない。さらに、会社の戦略が製品・サービス志向からMSP中心へシフトすると、取締役会やCEO、経営陣は、複数の(またはハイブリッドな)戦略に対応し、新たなパフォーマンス指標を導入・追跡し、かつては別々だった製品・サービスの間の技術的な一貫性や、顧客体験上の一貫性を確保するのが難しくなるかもしれない。

それでも、プラットフォームを構築すれば、事業成長や収益性拡大のチャンスが生まれ、競争相手の脅威を阻止できると判断するのなら、プラットフォーマーへの移行はやってみる価値があるはずだ。

第 10 章

ラン航空：異質な収益モデルを共存させる

ハーバード・ビジネス・スクール 教授
ラモン・カサデサス＝マサネル
ポンティフィシア・ウニベルシダッド・カトリカ・デ・チリ
スクール・オブ・マネジメント 教授
ホルヘ・タルシハン

“When One Business Model Isn’t Enough”
Harvard Business Review, January-February 2012.
邦訳「ラン航空：異質な収益モデルを共存させる」
『DIAMONDハーバード・ビジネス・レビュー』2014年4月号

ラモン・カサデサス＝マサネル
（Ramon Casadesus-Masanell）
ハーバード・ビジネス・スクール教授。ジョアン E. リカートとの共著論文 “How to Design a Winning Business Model,” HBR, January-February 2011.（邦訳「優れたビジネスモデルは好循環を生み出す」DHBR2011 年 8 月号）がある。

ホルヘ・タルシハン
（Jorge Tarziján）
サンティアゴにあるポンティフィシア・ウニベルシダッド・カトリカ・デ・チリ スクール・オブ・マネジメント教授。

複数のビジネスモデルを巧みに展開するラン航空

一度に複数のビジネスモデルを展開するのは至難の業であり、それが戦略上の失敗の主因と評されることも多い。しかし、企業が複数の顧客層に対して、それぞれ特定のビジネスモデルを活用しながら対処したいと考えたり、その必要性に迫られたりする状況はいくらでもある。

既存市場で競合他社を駆逐する、あるいは破壊者となりうる企業の機先を制する、新規市場に参入する、固定資産をはじめとする経営資源の活用効率を高める、新しい収益源を構築する、といった場合はすべて、理想的には、並行して機能する個別のビジネスモデルを必要としている。

たとえば、ＩＢＭとコンパック・コンピュータは１９９０年代、自社の販売モデルを直販モデルで補強して、デルの台頭に対抗した。ネットフリックスは、ＤＶＤの郵送レンタルサービスと動画のストリーミングサービスという2つのビジネスモデルを展開している。

新興国市場では、銀行が低中所得層に融資を提供するために別会社を立ち上げる場合がある。その一例が、バンコ・サンタンデール・チリが設立したバネフェである。また、林産企業のセルロサ・アラウコは木材から紙パルプを製造するビジネスモデルとは別に、高級家具用の木材パネルを製造するビジネスモデルも展開している。

ビジネスモデルを並行展開することの危険性について、航空業界ほど顕著に示す業界はない。イージージェットやサウスウエスト航空など格安航空会社（ＬＣＣ）に対抗すべく、余分なものをいっさい省いたノーフリルサービスを始めたものの、ほとんど成功していないフルサービスの航空会社は枚挙に暇がない。ブリティッシュ・エアウェイズのゴー・フライ、コンチネンタル航空のコンチネンタル・ライト、ＫＬＭオランダ航空のバズ、デルタ航空のソングの顛末を見るとよい。

そうすれば、一度に３つのビジネスモデルをうまく用いているラン航空がいかに際立った存在であるかがわかる。チリの航空会社である同社は、フルサービスの国際線旅客便を運航するビジネスモデルと航空貨物便のビジネスモデルを統合しつつ、ノーフリルの国内旅客便のビジネスモデルを別個に手がけることで成長している。

実のところ、「成長している」という表現は控えめすぎる。１９９３年から２０１０年にかけて、好況期も不況期も含めて、同社は17％の年平均成長率（ＣＡＧＲ）を遂げてきた（売上高は１９９３年の３億１８００万ドルから、２０１０年には42億ドルとなった）。この間、純利益はゼロから４億２００万ドルまで順調に伸びている。

時価総額は２０１１年3月11日時点で89億ドルと、世界の主だった競合企業のほとんどを上回った（ＵＳエアウェイズは15億ドル、アメリカン航空は22億ドル、大韓航空は37億ドル、ブリティッシュ・エアウェイズは69億ドル、ユナイテッドコンチネンタルは81億ドル）。さらに、急成長を遂げたライアンエアー（69億ドル）や中南米の航空会社すらことごとくしのいでいるのだ。

ラン航空の株価は配当および株式分割の調整済みベースで、１９９８年から２０１０年に１５００％を超える上昇率を示している。

競合他社が苦戦する中で、ラン航空は複数のビジネスモデルが互いにどう関わっているかをより鋭敏に認識し、成功を遂げてきた。もちろん、話題となったネットフリックスのケースのように、互いに対立するビジネスモデルは多い。ほかにも、デジタル写真とフィルム写真などは明らかに互いに置き換えられるモデルだ。言うまでもなく、このようなモデルは個別に展開すべきで、おそらくは順を追って展開するしかない。

しかし、ラン航空の経験で明らかな通り、互いに補完するビジネスモデルもある。実際、これらは大いに相互補強し合うので、並行展開すれば、通常では実現できない可能性を実り多き機会へと転換する。どれが別建てで展開すべき代替型モデルか、どれが互いを補強し合う補完型モデルかを見分ける企業は、他に類を見ないような持続的競争優位を築くことができる。

それでは、ラン航空が自社の利益のためにどのようにその洞察力を活用したかを見ていこう。

ビジネスモデル間の補完関係の有無に着目する

ラン航空のフルサービスの国際線旅客事業は、世界の他の航空会社とほぼ同じ方法で運営されている。主要路線は、自社のハブ空港と他社との提携を通じて頻繁に運航している。

アメニティをふんだんに用意したサービスは2種類（エコノミークラスとビジネスクラス）あり、エコノミークラスでは温かい機内食と飲み物を無償で供するほか、多言語に対応した個人向けエンタテインメントユニットを備えている。ビジネスクラスでは、フルフラットのシートを用意している。

同様に、ノーフリルの国内線では、サウスウエスト航空やライアンエアーと同じ基本的なサービスを提供している。それは低価格で諸経費も抑えたモデルで、少なめのアメニティ、インターネット上での発券、ターンアラウンドタイム（着陸から再離陸までの時間）の短縮、単通路機に機体を統一、座席数を増やすためにキッチンの除去といった特徴がある。

ラン航空が他社と一線を画しているのは、国際線旅客事業と同様のプレミアムサービスである貨物事業である。同社はチリ産のサーモンやペルー産のアスパラガス、エクアドル産の生花といった生鮮品を欧米に輸送するとともに、コンピュータや携帯電話、小型自動車部品といった価格重量比の高い商品を欧米から中南米に運んでいる。

旅客航空会社の中でも、ラン航空は貨物事業の売上比率の高さで突出している。２０１１年第２四半期には、貨物事業が総売上高の31％を占めた（これに対し、アメリカン航空、デルタ航空、ユナイテッドコンチネンタルは５％にも満たない）。

大韓航空とキャセイパシフィック航空も売上高の約３分の１を貨物事業で稼ぎ出しているが、ラン航空は旅客用のワイドボディ機で貨物の実に35％を輸送しており、それが貨物の行き先のほとんどを占めている点で際立っている。事実、ラン航空の貨物事業は旅客事業とほぼ同じ路線ネットワークで運航しているのである。

収益性のカギは、ラン航空の３つのモデルすべてに共通する。それは、便数、積載量、運航路線を増やすことだ。しかし、２００７年にノーフリルサービスの国内線に乗り出そうとした時、旅客事業と貨物事業を統合してもそれが実現できないことに同社は気づいていた。

こうした国内線で狙うのは、収益性を高め、ライアンエアーやサウスウエスト航空の中南米版が出てくる脅威に対し先手を打つことだ。まずはチリとペルーで運航し、その後アルゼンチン、エクアドル、コロンビアへと路線を拡大していく。

しかし一方で、国内市場における貨物の空輸需要は海外市場を大きく下回っていた。空輸せずとも、トラックや鉄道、船舶で輸送できるからだ。さらに、ラン航空が遠く海外へと輸送している生鮮品の国内需要はあまり大きくなかった。そして最も決定的だったのが、おそらく短距離路線で運航しているナローボディ機が貨物を十分積載できるほど大きくなかったことだろう。

他方、ラン航空の国内便の旅客需要は変動が極めて激しい。短距離路線の運賃を20%下げれば、旅客数は最大で40%増える。これによって効率の高い新型機に投資し、1日当たり飛行時間を伸ばすことが可能になる。

ここから導き出されるのは、国内便の機体稼働率を引き上げる最も直接的な（おそらくは唯一の）手段が低運賃であり、それを実現するには基本的なサービスに絞り込んでコストを圧縮することに尽きる、ということだった。

この論理は、運賃引き下げによって需要が大きく伸びたことで実証された。2006年から10年にかけて、ラン航空の国内便の利用客数はチリ国内で83%、ペルーで123%、アルゼンチンで200%増加した。この結果、同社は短距離路線の機体稼働率を1日8時間から12時間に引き上げるという目標を達成。同社は今日、チリとペルーの国内旅客数で最大の市場シェアを得ており、その他の南米諸国でも市場シェアを伸ばしている。

また、ラン航空はチリ、ペルー、エクアドルの発着便の旅客数で最大の市場シェアを誇るほか、中南米の航空貨物市場において約37%のシェアを占めている。これは、補完型であるフルサービスの旅客事業と貨物事業が、互いを強化し合うメリットを数多くもたらした結果である。そのメリットを挙げてみよう。

物理的資産の最大活用

以下の例を考えてみよう。マイアミを飛び立ったラン航空機は、チリのサンティアゴに午前5時に到着する。同機は米国で積んだ貨物を届けるため、ボゴタやリマ、あるいはブエノスアイレスといった他の中南米の都市へと飛行を続ける。その後、サンティアゴに戻り、再びマイアミやニューヨークへと旅客を運ぶ。というのは、南米から米国に向かう旅客便は夜間に離陸するからである。

これに対して、貨物事業を手がけていない競合他社はその日の大半、サンティアゴの空港に機体を留め置かざるをえない。ワイドボディ機のようにコストがかさむ資産では、稼働率向上がもたらすメリットは明らかである。

損益分岐点の引き下げ

ラン航空は貨物事業と旅客事業を統合することで、他の航空会社では不可能だった黒字運航を実現できた。各便で損益分岐点に到達する旅客数や貨物量が、いずれか一方のみを輸送する場合よりも低いためである。

たとえば2010年には、ラン航空のサンティアゴ―マイアミ路線の損益分岐点となるロードファクター（有償座席利用率）は、旅客だけを輸送していた場合には68％となったはずだが、貨物も輸送することで50％に下がった。

ほかにも、ほんの一例を挙げるなら、マドリード経由サンティアゴ―フランクフルト路線は、貨物を輸送していなければマドリードで打ち切りになっていただろう。フランクフルトまでの運航は、旅客だけの輸送では利益を上げられないからだ。

収益の多角化

ラン航空は貨物と旅客の両方を輸送することで、需要が落ちても運航路線を黒字に維持できる。両方の事業が同時に同程度で落ち込むことはまずないからである。貨物需要が10・1％縮小した2009年の大恐慌のさなかですら、旅客の減少幅はわずか3・5％に留まった。

このためラン航空は、貨物専門の競合会社ほど運行を縮小せずに済んだ。その結果、翌年に需要が回復すると、他社が対応できずにいる中で、ラン航空にはその好機に乗じる体制が整っていたのである。

航空他社による参入の脅威の軽減

ラン航空が運航路線を増やすと、他社がその市場に進出して利益を上げる可能性が低くなる。

中南米の貨物便のワンストップショップ

黒字路線を拡大できれば、好循環が生まれる。路線が増えれば顧客にとっての価値が高まり、ラン航空は特別料金を課すことができる。その結果、路線をさらに拡充し、最終的に中南米で貨物便のワンストップショップになるために必要な売上げが確保できる（**図表10－1**「2つのビジネスモデルはいかに互いを補完し合うか」を参照）。

たとえば、ロックバンドのポリスは、8カ所でコンサートを開く中南米ツアーのために、ラン航空を利用してジャンボジェット2機分のステージ機材を運んだ。もっと一般的な顧客であるスマートフォンやコンピュータといったハードウェアメーカーも同様であり、中南米における自社の輸送ニーズをすべて一社に託せるという利便性に対して、特別料金を支払うことをいとわなかった。

並行展開における課題

なぜ航空各社はこぞってラン航空の後に続かないのだろうか。

その答えの一端は歴史にある。1994年にチリ政府がラン航空を完全民営化した際に、2つのグループが同社を買収した。その一つであるクエト一族は、1970年代にファスト・エアで貨物事業に乗り出していた。つまり、この一族は貨物事業に精通しており、貨物と旅客サービスの統合という文脈で、ラン航空の国際路線、ワイドボディ機、信頼できる航空会社という評判が利益に結び付く可能性を即座

図表10-1｜2つのビジネスモデルはいかに互いを補完し合うか

ラン航空は旅客事業と貨物事業に並行して投資することで、販売数量と機体稼働率が拡大し、それによって損益分岐点となるロードファクターが低下し、新路線の魅力が高まるという好循環が生まれている。運航路線が広がると、規模の経済と範囲の経済が拡大し、顧客の購買意欲が高まり、売上げが拡大する。その結果、さらなる拡大に向けた資金源となる。

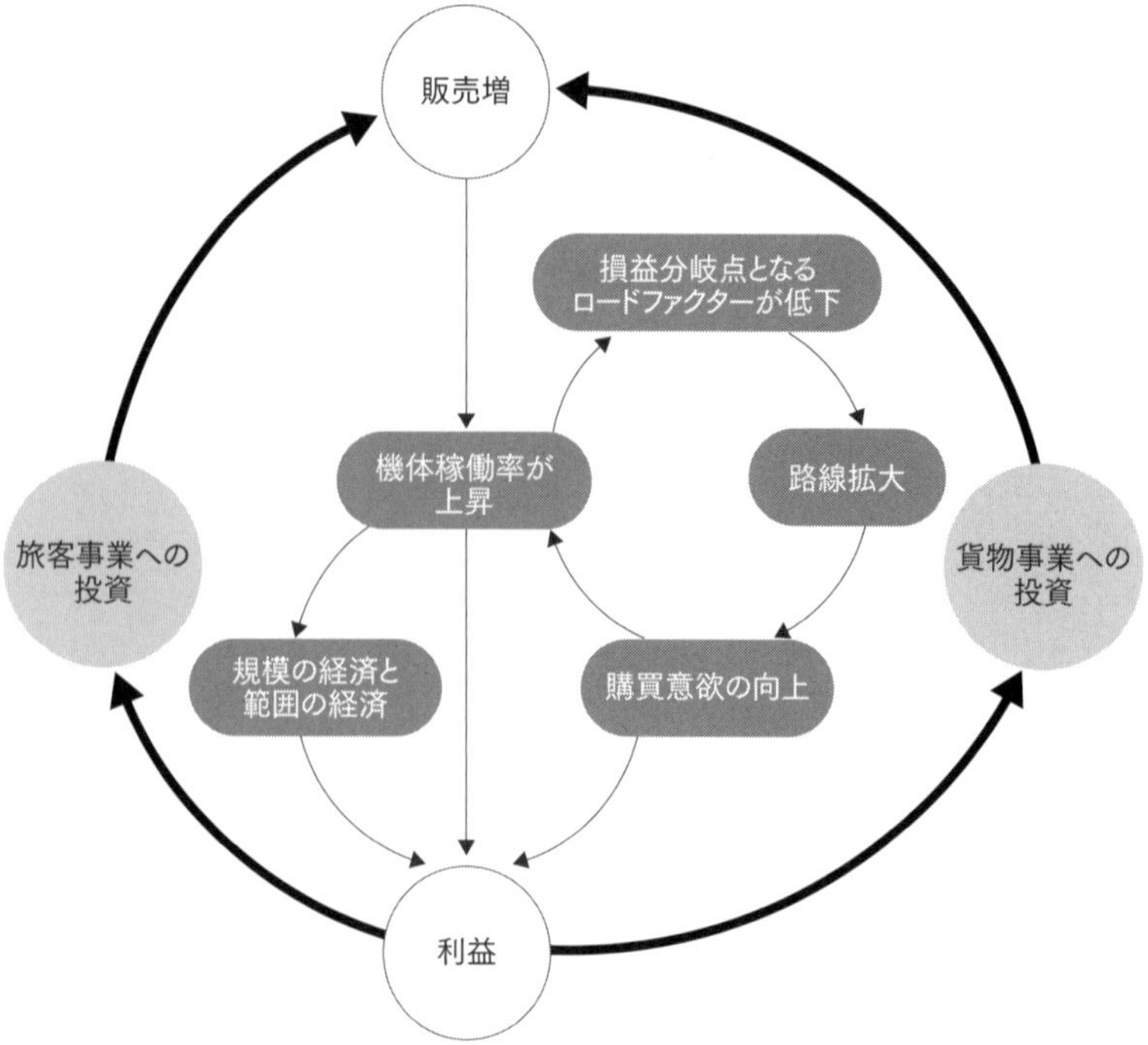

に見て取ることができた。

しかし、可能性を見出すことと実現させることは別物である。2つのモデルが互いに補完するといっても、それらを統合することは容易ではない。実は、学習曲線が急勾配になって、ラン航空のように最初に学習を積んだ企業が有利になる可能性がある。

同社が貨物モデルと国際線旅客モデルを統合しつつ、格安モデルを別建てにしておく際に直面した主な課題は次の通りである。

複雑さの増大

ラン航空が貨物事業と旅客事業の両方で計画を策定する際には、航空券の料金を上下させて需要レベルを管理する高度な旅客イールドマネジメントシステムと、同じように貨物運賃を変動させる貨物積載量のアクティブマネジメントシステムとをダイナミックに調整しなければならない。

また、旅客機か貨物機のいずれかに貨物を最適な形で割り振る必要があり、同社は複雑な物流システムを使って貨物と旅客とを調整している。両部門ともプロフィットセンターであることを考慮すると、対立をはらむ要因を慎重に管理しなければならない。

このためラン航空は、旅客運賃以外に、世界の他の長距離航空会社には不要な指標を追加で設定している。最低旅客運賃は、その旅客の重量分を貨物に割り振った場合に得られる売上げと少なくとも同等でなければならないとする指標である。

このようにして、ラン航空はワイドボディ機では旅客輸送を優先させている。しかしそれとともに、最低旅客運賃が同等重量の貨物運賃を確実にカバーしている。

組織的なスキルの拡充

ラン航空の3事業がプレミアムサービスを維持するために必要な営業とマーケティング上の取り組みは異なっており、時には気が遠くなるほど多種多様なスキルが求められる。たとえば、旅客事業の乗務員と整備工を幅広く教育する（結果的に、同社はその優れたサービスで複数の賞を受賞した）のと同時に、貨物専用機上で豚や馬をどう世話すべきか、社員をトレーニングする必要があった。

社員の柔軟性の向上

より多くの便を、より多くの目的地に向けて飛ばすためには、ラン航空のパイロットが連絡を受けてから2時間で乗務しなくてはならない場合すらある。それは米国の伝統的な航空会社における標準的な時間の半分だ。

ラン航空が管理職、事務員、乗務員のいずれにも業績連動型の給与・賞与制度を導入していたら、このような柔軟性を育む企業文化は醸成されなかっただろう。その一方で注目すべきは、ラン航空の賃金の総費用比率が２０１０年、欧米の航空会社の多くと比べて低い水準に留まっていたことである。

さらなる投資

旅客事業と貨物事業、２つのビジネスモデルがすべての経営資源を共有することは、当然ながらない。

たとえば、ラン航空の貨物事業の本拠地マイアミには、50万平方フィート近くの専用倉庫スペースやその他の貨物用設備がある。これらは旅客専門の競合企業では必要ない。

また、中南米の一部の国では、国内企業でなければ事業ができないという規制があるので、ラン航空が中南米で広範にわたって運航するためには、短距離路線でノーフリルの旅客サービスを行う一連の別会社（ラン・ペルー、ラン・エクアドル、ラン・コロンビア、ラン・アルゼンチナ）を設立しなくてはならなかった。これに加えて、メキシコなど複数の国々で提携を通じた運営体制も整備している。

ビジネスモデル間の相性を見分けるポイント

3つのビジネスモデルを展開するには、当然ながらリスクと無縁ではいられない。とはいえ、課題に対応していけば、この上なく持続性の高いメリットが得られる。ラン航空は2つの補完型モデルを統合し、対立するモデルを慎重に別建てにすることで、リスクを最小限に抑え、メリットを享受することができた。

しかし、同社はどのようにモデルを見分けたのだろうか。筆者らの分析によると、2つのビジネスモデルが補完型か代替型かを見極めるには、経営幹部は次の2つについて、自問してみるとよい。

- それらのビジネスモデルは、主な物理的資産をどの程度共有しているか。

●各ビジネスモデルを展開したことで得られた経営資源とケイパビリティ（組織能力）は、どの程度互換性があるか。

2つのモデルが重要な資産を数多く共有すればするほど、また、そのビジネスモデルによって得られたケイパビリティと経営資源を数多く共有すればするほど、2つのモデルを統合することで得られる価値は、大きくなる可能性が高い（**図表10-2**「あなたのビジネスモデルは補完型か、代替型か」を参照）。ラン航空の場合、主な物理的資産は同社が保有するワイドボディ機であり、貨物モデルと国際線旅客モデルはこれを共有しているが、国内の低コスト運航サービスでは共有していない。これと同じくらい重要なのが、貨物モデルとフルサービスの旅客モデルの統合によって優位性を強化する経営資源とケイパビリティが次々ともたらされたことである。

●貨物事業と旅客事業の統合によって損益分岐点となるロードファクターが低下することで、ラン航空は運航路線を拡大し、両方の事業に価値をもたらすことが可能になる。そのため、同社の市場と売上げが拡大する。
●貨物事業の売上拡大を利用して旅客サービスの向上を図るとともに、この逆も推進すれば、両方のサービスに対する顧客の購買意欲がいっそう高まる。
●運航路線の拡大に伴い、貨物事業でも旅客事業でも、同業他社が中南米市場に参入し拡大することが難しくなるため、ラン航空の優位性が維持される。

図表**10-2**｜**あなたのビジネスモデルは補完型か、代替型か**

次の2つの質問について検討し、答えがラインの左側ではなく右寄りになる時は、そのビジネスモデルは代替型より補完型であり、分離するよりも集約したほうがより大きな価値を生み出す可能性が高い。

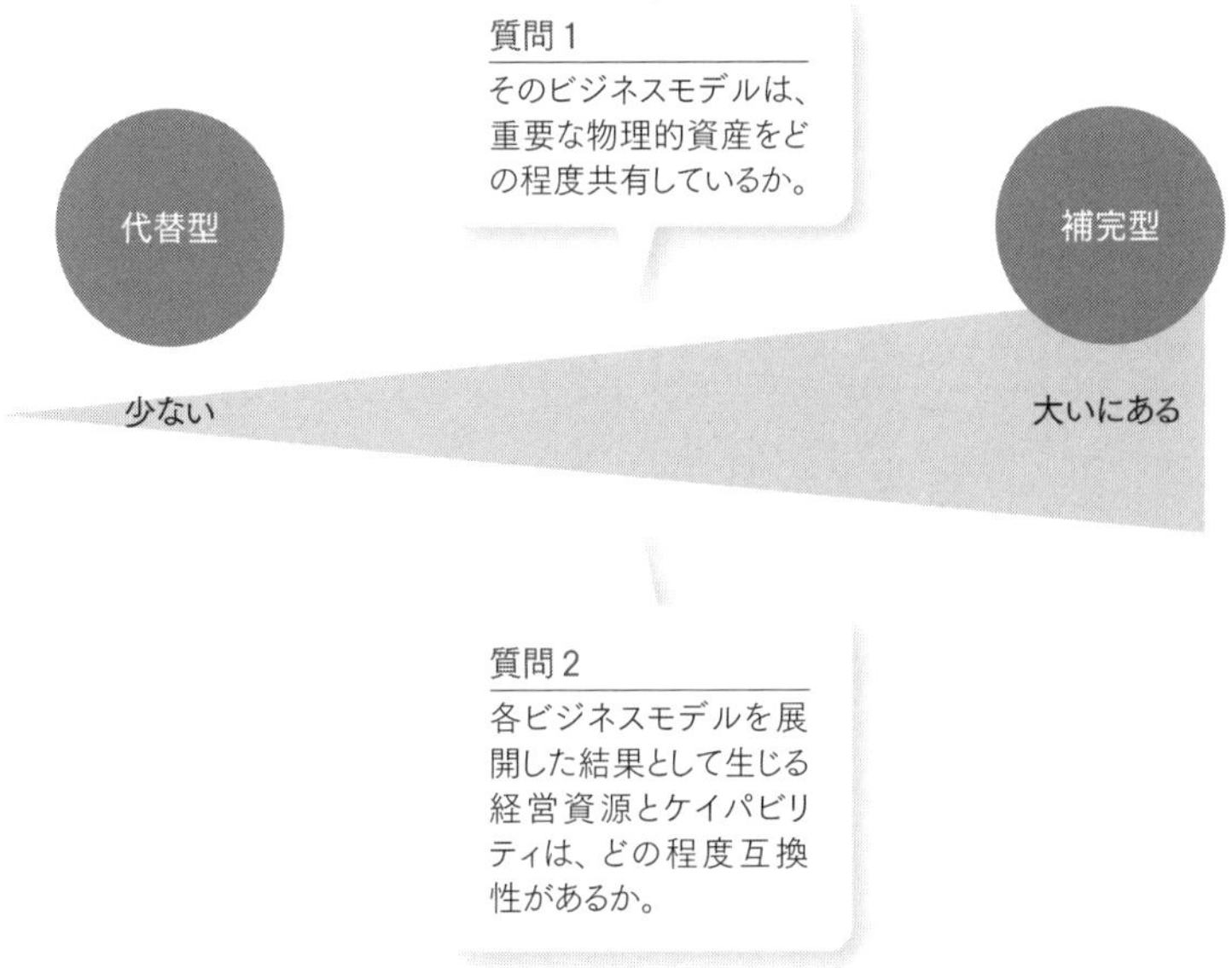
質問1
そのビジネスモデルは、重要な物理的資産をどの程度共有しているか。
代替型
補完型
少ない
大いにある
質問2
各ビジネスモデルを展開した結果として生じる経営資源とケイパビリティは、どの程度互換性があるか。

●旅客事業と貨物事業の双方で保有機と運航路線の利用を最適化するためにスキルを習得せざるをえなかったが、そのスキルによって両市場で模倣困難性がいっそう高くなった。
●ラン航空は中南米と世界各国を結ぶ旅客航空会社の大手となったほか、同地域の貨物輸送における正真正銘のワンストップショップとなった。これにより、貨物便の利用客が他社に乗り換える際のスイッチングコストと旅客の利便性が高まり、旅客と貨物の両サービスの需要がいっそう増大し、その結果、同社の優位性が強化される。

ラン航空の国内格安事業は、こうしたケイパビリティと経営資源の一部をたしかに共有している。たとえば、効率的な運航スケジュールの策定や機体整備のために習得したスキル、社員の柔軟性、中南米のさまざまな事業運営に対する規制要件の理解、中南米の域内および域外向けの旅客と貨物の運行能力である。

しかし、重要な物理的資産は共有できない。また、ブランドや低運賃に対する評判、コスト低減を目指す効率性重視の姿勢といった、同社の国内事業に不可欠なケイパビリティと経営資源の大半は、高価格のプレミアムサービスとは相容れない。こうした実情を踏まえて、同社はノーフリルモデルを切り離して展開することにした。

2つのビジネスモデルが重要な資産やケイパビリティ、経営資源を共有するケースは、共有しないケースよりはるかに稀である。この事実は間違いなく、複数のモデルを同時に手がける企業の失敗率が高い一因となっており、複数事業の展開について熟慮した企業がリスク覚悟でやってみようと感じる要因にもなっている。

しかし、ラン航空が学んできたことは、同社の競合企業にとって別の形のリスクを指し示している。同社は3つのモデルに精通するとともに、いかに補完型モデルならではの機会が生じるかを深く理解することで、旅客サービスと貨物サービスの双方で揺るぎない競争優位を築いてきた。それは、競合企業にとっていっそう凌駕しがたいものになりつつある。

貨物事業が順調に伸びていかなかったなら、国際線旅客サービスにおけるラン航空の競争優位は消え去っていたかもしれない。同様に、同社の貨物事業の優位性は、旅客事業の成功あってのものだ。競争戦略とは独自のポジションを守り、他とは一線を画す経営資源とケイパビリティを駆使して優位性を築くことにほかならない。

この点から考えれば、複数のビジネスモデルの展開はリスクではなく、むしろ戦略家の新しいツールである。適切に活用すれば、企業が価値を創出し獲得する能力や、持続的な競争優位を築く能力を高めるのに一役買ってくれるだろう。

第11章

ソーシャル・ビジネスは先進国でも有用である

グラミン銀行 創設者
ムハマド・ユヌス
HECスクール・オブ・ビジネス 准教授
フレデリック・ダルザス
HECスクール・オブ・ビジネス 客員教授
ダビド・メナス
HECスクール・オブ・ビジネス 客員教授
ベネディクト・フェーブル＝ダビニョ

"Reaching the Rich World's Poorest Consumers"
Harvard Business Review, March 2015.
邦訳「ソーシャル・ビジネスは先進国でも有用である」
『DIAMONDハーバード・ビジネス・レビュー』2015年9月号

ムハマド・ユヌス
（Muhammad Yunus）
バングラデシュの農村部を発祥の地とするマイクロファイナンス機関、グラミン銀行の創設者。2006年にノーベル平和賞を受賞。

フレデリック・ダルザス
（Frédéric Dalsace）
HECスクール・オブ・ビジネスの准教授。マーケティングを専門とし、ソーシャル・ビジネスと貧困をテーマとする講座を担当する。

ダビド・メナス
（David Menascé）
ソーシャル・ビジネスに特化したコンサルティング会社Azaoのマネージング・ディレクター。また、HECスクール・オブ・ビジネスの客員教授を兼ねる。

ベネディクト・フェーブル＝ダビニョ
（Bénédicte Faivre-Tavignot）
HECスクール・オブ・ビジネスの客員教授。同校修士コース、持続的開発プログラムのアカデミックディレクターを兼ねる。

先進国でも貧困層は増えている

貧困は新興市場だけの問題ではない。米国では、全人口の15％に相当する4500万人超が、国勢調査局によって「貧困層」に認定されている。しかも、21世紀に入ってからは、2006年を除いて毎年、貧困率が上昇してきた。日本も16％と、米国と大差ない水準である。欧州連合（EU）に至っては、およそ1億2000万人、つまり実に4人に1人が貧困や社会的孤立の危機に瀕している。

従来、先進国の企業は貧困層のニーズにほとんど対応してこなかった。たしかに、裕福な顧客ばかりでない実情は心得ているだろうし、多大な投資をして家計の苦しい人々向けに低価格の製品やサービスを開発してきた企業も少なくない。自動車メーカーの大半は、何十年も前から低価格車を提供している。T型フォード、フォルクスワーゲンのビートル、ミニクーパー、シトロエンの2CVは、その時々の「低価格市場」に向けて開発された車種である。小売分野では比較的最近になって、欧州のアルディとリドル、米国のマーケット・バスケットのような「激安店」が台頭してきた。

とはいえ、欧州でこれまで低所得者層を対象にしてきた低コスト、低価格の製品やサービスといえども、一般的には、全人口の25％を占める貧困と背中合わせの人々にとっては、手が届かない。かなりの公的補助を受けない限り生活必需品さえ購入できない人も多いが、政府・自治体の財政事情は厳しくなってきている。たとえば、公共交通手段が限られた農村部などでは、貧困層の多くは使い古した粗末極まりない移動手段に頼らざるをえない。その挙げ句、車が故障したらそのせいで職を失いかねないのだ。

近年では多くの大企業が、この種の問題に新たな方法で対処し始めた。２００９年には、フランスの貧困緩和担当の高官だったマルタン・ヒルシュと、巨大食品会社ダノンの上級副社長だったエマニュエル・ファベール（現ＣＥＯ）により、アクション・タンクという非営利組織が設立され、ディレクターには、ＨＥＣスクール・オブ・ビジネスのジャック・ベルジェが就任した。アクション・タンクを介して数々の主力多国籍企業がＮＧＯや政府機関と連携し、フランス国内でソーシャル・ビジネスの育成に挑戦してきた。

「ソーシャル・ビジネス」という概念はもともと、貧困国で生まれたものであり、以下の３つの大きな特徴を持つ。第１に、社会問題の緩和を目指し、その中にはあらゆる種類の貧困を含む。第２に、持続可能な経営が求められる。つまり、損失を垂れ流してはいけないのだ。第３に、利益が上がったら、株主に還元せずに事業に再投資する。出資者のもとに最終的に戻るのは、当初の拠出額だけである。ダノンをはじめとして、多国籍企業がバングラデシュなどの貧困国でソーシャル・ビジネスに参入する例は増加傾向にあるが、先進国での取り組み事例は稀である。

ダノンに次いでいち早くアクション・タンクに参画した企業には、眼鏡レンズの製造などを行うエシロール、建設大手のブイグ、通信会社ＳＦＲ、自動車メーカーのルノーなどがある。これら企業の試行初期の結果からは、ソーシャル・ビジネスは、貧困と戦う効率的な方法であると同時に、新しい事業アイデアを生み出す有効な方法であることがうかがえる。参画企業が推進するソーシャル・ビジネスは、非常に安価な製品やサービスを、極貧層に持続可能なやり方で提供している。

エシロールが展開するオプティーク・ソリデールが好例である。このソーシャル・ビジネスは、保険会社などサプライチェーン上のあらゆる事業パートナーと協力して、貧しい年金生活者のために、230〜300ユーロだった老眼鏡のコストを30ユーロを切る水準にまで押し下げることに成功した。

企画と準備に15カ月を費やして、マルセイユで3カ月間試行した後、フランス全土に500を超える「仲間の店舗《ソリデール》」網を展開してきた。いずれも、「自分たちの時間の一部を費やして、通常よりもかなり低い粗利率で眼鏡を売ろう」と手を挙げた業者である。60歳以上の恵まれない人々に照準を定め、製品やサービスを紹介する手紙とバウチャーを保険会社経由で送り、最寄りの店舗の住所を知らせた。エシロールの目標は、フランス国内で店舗数を1000まで増やし、従来は眼鏡を購入できなかった25万〜30万人に眼鏡を提供することである。

以下では、このような試行から生まれたソーシャル・ビジネスの模範例を取り上げて、従来の低コスト型ビジネスモデルとの違いを示す。ソーシャル・ビジネスは、おそらく皆さんの直感に反するだろうが、ディスカウント型ビジネスよりはむしろハイエンド・ソリューションに近い印象である。当然ながら、金銭的利益を上げるのが目的ではない。ソーシャル・ビジネスがもたらす有形無形の便益は何か、そして最大の成功要因は何かを、述べていきたい。

ソーシャル・ビジネスの特徴

まずはソーシャル・ビジネスの価値提案《バリュープロポジション》に目を向けたい。そこには一般に以下のような特徴が見られる。

特定の顧客層以外は排除する

低価格型のビジネスモデルとは違い、ソーシャル・ビジネスは排他性を持つ。つまり、あらかじめ対象顧客の属性と数を決め、それに該当しない人にはそもそも製品やサービスを提供しないのである。対象顧客層は狭いとは限らない。一例としてSFRは、ホームレスの救済に的を絞ったフランスの慈善団体エマウスと組んで、テレフォニー・ソリデールというプロジェクトを始動させ、貧しくても携帯電話を持つ人すべてを対象顧客と位置付けている。

片や、対象顧客層を狭く設定する場合もある。エシロールは60歳以上の恵まれない人々、ダノンは生後6カ月から24カ月までの幼児を持つ貧困家庭、ルノーは職探しや失業回避のために自動車を必要とする貧しい消費者、といった具合である。

適格条件を決めるに当たっては通常、NPOに協力を求める。NPOは各地域の提携先や公的プログラムの力を借りて、便益を及ぼすべき対象層を探り出す。このやり方はコストの抑制にもつながる。

高品質の製品やサービス

低コスト型のビジネスモデルの下では、貧困層であるかどうかを問わずすべての消費者が、同一企業の標準的な製品と低価格製品とを比較する。両者があまりに似通っていると、標準的な価格帯の製品がカニバリゼーションの犠牲になりかねない。このため、低価格製品については主な特徴を標準品より格下げして、対照を際立たせなくてはならない。

ソーシャル・ビジネスにおいては、経済性の面で問題がない限り、同じ製品やサービスをいつまでも売り続けてかまわない。これは重要な点である。というのも、ソーシャル・ビジネスの目的は、貧しい人々がいまある製品やサービスをできるだけ買えるよう、条件を整えることにほかならないからだ。ダノン、ルノー、SFRは、貧困層にも他の顧客層と同一の製品やサービスを提供している。オプティーク・ソリデールの場合は、レンズの品質は変わらず、フレームの種類が限られる点だけが違いである。

高品質を約束するといっても、ソーシャル・ビジネスの場合は低コストを売りにする企業と違い、製品の設計や製造プロセスの改変によってコストを下げるわけではない。販売や流通の経済性を変えることに注力するのである。その解決策として多くの場合、NPOと提携したり、エシロールのように小売店と非営利の協力関係を築いたりする。詳細は後述するが、顧客の問題解決につながる統合的な製品やサービスを考案する企業は、ある要素のコストを他の要素のコスト削減によって相殺するものである。

入念な解決策

低コスト戦略を用いる企業は主に製品やサービスを売りとするが、ソーシャル・ビジネスは必ずではないにせよ、顧客が直面する社会問題の解決策を価値提案として打ち出す場合が多い。ルノーのモビリズが好例である。このプロジェクトは、貧しい人々が抱える「どうやって移動するか」という問題の解決を目指している。

都市部では、ウイムーブというNGOと協力して、低所得の勤労者のために最も安い移動手段（地下鉄、バス、自転車など）を探す活動をしている。しかし農村部では、安価な自動車とメンテナンスを必要とするため、モビリズは「仲間の自動車修理工場《ソリデール・ガレージ》」のネットワークを活かして提供している。このネットワークに加盟するルノーの直営またはフランチャイズの自動車修理工場が、一定の時間やリソースを割いて、条件を満たした顧客を対象に、故障あるいは破損した自動車をただ同然の費用で修理するのだ。顧客を探す役割は、ウイムーブ、FASTT、UDAFといったフランスのNGOが担っている。

ソーシャル・ビジネスにとっては多くの場合、顧客の行動変化を促すことが解決策の一環として重要になる。ダノンがフランス赤十字社と共同で展開するプロジェクト・マリンは、価格が手頃で栄養価の高い子ども向け食品、教材、第三者が運営する教育コースを低所得家庭に提供している。赤十字社のベンジャミン・カバリはこう語る。「この取り組みを通して我々が目指すのは、子どもの発育増進です。栄養に優れた食習慣を育むワークショップに誘うと、大勢の母親が参加します」（ただし、お節介な印象を与えないよう気をつけなくてはならない。たとえば、お金がないだろうからといって、会場までの移動手段について指図めいたことをするには及ばない）。

解決策に着目した発想は、コスト面の課題を克服するのに役立つ。フランスでは2000年以降、5万人超が住む都市の密集地の一角を成す、人口3500人以上の町を対象に、「全住宅の25％以上が公営住宅と同等の規格を満たしていること」という規制が生まれた。建設会社は当然ながら、効率化によって直接費を最小限に抑えようとする。ところがブイグは、集合住宅の建設コストを切り詰めても、入居者の生活コストが長期的に手頃な水準に留まるとは限らないと気づいた。

ブイグがアクション・タンクと協力して調べたところ、パリとその近郊では、建物が寿命を迎えるまでの総コストに占める建設費の割合は、30%に満たなかった。土地代が約12%、ローンが15%、維持修繕が12%、居住に伴う費用（水道・光熱費、ゴミ処理代、各種経費）が約35%もかかっていた。

そこでブイグは視野を広げて、総合サービスの提供に乗り出した。各戸の面積を小さくして公共交通の便のよい立地を選ぶ（ホテル業界にヒントを得た発想）、フランスでは珍しい共用のランドリー室を設ける、清掃やゴミ処理を入居者に任せる、効率的な配水システムを設けるなど、イノベーションを提案している。初期コストを伴うものもあるが、導入後のコスト節減効果はそれを補って余りあるはずである。

社会の利益に資する以上の意外なメリット

低コスト型ビジネスは、利益を上げて株主価値を創造することを主な目的としている。懐の寒い消費者にも手の届く製品やサービスを提供するのも、株主への約束を果たす手段にすぎない。かたやソーシャル・ビジネスは、社会問題の一過的ではない緩和を目指しているため、利益を事業に再投資する。だからといって、社会の利益に資するだけではない。それどころか、ソーシャル・ビジネスを創出することによる長期的な波及効果は、ビジネスの観点からも、低コスト型事業の利益と同じくらいの価値を持ちうる（**図表11**「ソーシャル・ビジネスと低価格型ビジネスの違い」を参照）。

図表**11** **ソーシャル・ビジネスと低価格型ビジネスの違い**

以下に両者の簡単な比較を示す。

		低価格型ビジネス	ソーシャル・ビジネス
価値提案	目的	製品やサービスを購入しやすくすることで利益を得る	財務を蝕まない形で生活必需品の購入者の裾野を広げる
価値提案	顧客の選別	買い手を選ばない	一定の顧客層だけを対象にして選別の方法を決める
価値提案	品質	共食いを避けるために通常価格帯の製品より品質を下げる	通常価格帯の製品と同等
価値提案	重点	安価な製品やサービスの提供	社会問題の手頃な解決策
価値の源泉	業務運営	生産サプライチェーンを改変してコストを下げる	流通サプライチェーンを改変して対象顧客との接点をつくる
価値の源泉	他組織との提携	利益の最大化を目指す組織との共創もありうる	社会福祉を掲げる第三者との共創が求められる
価値の源泉	イノベーション	製品中心	顧客中心、エコシステムの重視
価値の源泉	人材のモチベーション	低い	高い
価値の源泉	企業イメージ	悪いおそれ	良好な傾向

波及効果とは、たとえば、自社の製品やサービスの需要に加えて、新規市場でのイノベーション機会の発見、従業員の動機付け、会社のイメージ向上などである。

画期的なイノベーション

ソーシャル・ビジネスは長らく、ハーバード・ビジネス・スクール教授、ロザベス・モス・カンターの言う「イノベーションのベータテスト（試験場）」と見なされてきた。エマニュエル・ファベールは、ダノンが2005年からバングラデシュで展開するソーシャル・ビジネスを、「史上最高のR&D研究室」と形容している。

たしかに、低コスト型ビジネスはしばしば、プロセスや設計のイノベーションを誘発するが、ソーシャル・ビジネスにおけるイノベーションは、従来の製品やサービスの品質を維持しようとするため、より革新性が高い傾向にある。したがって、ブイグの事例で見たように、製品中心のイノベーションから離れて、消費者中心のイノベーションを重視するよう迫られる。

モビリズのマネジャー、フランソワ・ルビエは、ルノーが欧州で販売する低価格車ダチアについて、こう語っている。「あの車種の開発は、ルノーにとってそれは大きな挑戦でした。既存の車種をベースに、あらゆる手を尽くしました。言わば、『上から下へ』という発想だったのです。ですが、ソーシャル・ビジネスでは製品ではなく顧客を行動の中心に据えます。顧客が『下から上へ』と進めるよう、後押しするわけですね。これはまったく新しい発想でしょう」

この結果、企業は営利目的の製品についても、多くの顧客に届ける方法を見つけることができる。一例として、ルノーが消費者を中心に据えて調査を行ったところ、フランスでは運転教習や免許取得にかかる費用が大きく、それが若者の車離れの主因だとわかった。そこでフランスの大手自動車教習所エコール・ド・コンデュイット・フランセーズ（ECF）と組んで、学習用のコンピュータゲームを開発。学習スピードが向上し、教習費用が大幅に下がった。

ソーシャル・ビジネスでは、協働の度合いが高いため、それがイノベーションを誘発する面もある。特に、非営利セクターにすでに備わる仕組みを、うまく活かせるようになる。エシロールは試行経験を土台にして、いくつもの営利プロジェクトを立ち上げた。たとえば東南アジアでは、第三者を通して顧客にクーポン券を送るアイデアを実地に移した。顧客が来店して眼鏡を買ってくれるのをただ待つのではなく、企業と提携して、眼鏡代の補助ないし負担を申し出る手紙を従業員に送付してもらうのである。こうすると従業員の生活と仕事、両方の質が向上し、エシロール、顧客、雇用主、3者に恩恵が及ぶ。

モチベーション

筆者らはこれまでの経験から、ソーシャル・ビジネスは従業員に多くのモチベーションと働く意味をもたらすと感じている。往々にして、株主利益しか眼中にない企業に勤めている場合よりも、貢献する姿勢が強い。ルノーがモビリズを推進するに当たって立てた目標の一つに、自社の「ソーシャルDNA」の強化がある。モビリズという名称には、顧客の移動性（モビリティ）向上と従業員の動員（モビライゼーション）、両方の意味が込められている。販売代理店と営業担当者の好意的な反応には、常々驚かされているという。

ルノーのCSR（企業の社会的責任）担当バイスプレジデント、クレア・マルタンの言葉を引きたい。「モビリズは歓迎されないだろうと考えていました。成り立ちからして、利益につながらないわけですから。ところが、全社から激励の声が届きました。営業部門の反応も上々でして、おかげでまったく予期していなかった問題に直面しているほどです。自動車修理工場からのボランティアの申し出が多すぎて、所得の少ないマイカーオーナーを探し出して工場に紹介する提携NGOの活動が、まったく追い付かずにいるのです」。これだけ熱意がみなぎっていれば、従業員の勤続率と生産性はまず間違いなく向上するだろう。

企業イメージ

大手企業が低価格製品を発売すると、すぐさま「貧しい人々から金を巻き上げようとしている」と受け止められ、ブランドイメージが低下しかねない。ダノンが2010年にフランスで安価なヨーグルトを発売した際には、反応が芳しくなく、製品ラインの廃止に追い込まれた。発展途上国向け非常食の世界的大手ニュートリセットは、フランスの極貧層を対象に栄養補助バーを売ろうとしたが、2度続けて諦めざるをえなかった。社会活動家から、「道義に反して利益を上げようとするやり方だ、『まともな食事』の提供を目指すべきだ」という声が上がったのである。

しかし、「非営利」を掲げてソーシャル・ビジネスを始めると、利害関係者の見方を変えることができる。障壁を除去し、信頼に根差した新しい関係性を築くうえで役立つのだ。ダノンのブランドマーケティングマネジャー、エマニュエル・ビニョーの意見を紹介したい。

「ソーシャル・ビジネスを展開すると、幅広い視野に立って長期的な発想をする会社だと、見てもらえます。当社はいまでは『弱者を食いものにしている』などとは思われていません。これは具体的なメリットを伴います。

以前は当社との面会を拒んでいた著名な小児科医は、私どものインタビューに快く応じて、ベビーフードが今後どう進化するかについて2時間以上も話をしてくださいました。小児科医師会のリーダー格お2人からも信頼を得て、プロジェクト・マリンの評議員に就任していただきました。このようなお付き合いは、新製品のアイデアを形にしようとする際に、大きな助けになるでしょう」

たしかに低価格型のビジネスモデルは、おそらくT型フォードに代表されるように、かなり以前から、より多くの人々に製品やサービスを届ける役割を果たしている。収益を上げることができれば、大半の企業の目的にも沿うはずである。しかし、ソーシャル・ビジネスという形態のほうが、顧客の裾野をいっそう広げるのに適しているというのが、筆者らの見解である。しかも、波及効果によって長期にわたって価値を創造できるため、低価格型ビジネスモデルの代替として大きな意味を持つ。

ソーシャル・ビジネスを成功させる必須条件

現在では、ベオリア・ウォーター、トタル、フランス郵政公社、ミシュランなどの大組織がアクション・タンクに参画して、ソーシャル・ビジネスを試行している。フランスにおけるこれらプロジェクトの成功に刺激されて、ポルトガルやベルギーでもソーシャル・ビジネスの推進支援を目的とした組織が生まれている。筆者らは、フランスでの経験から、ソーシャル・ビジネスを成功させるための必須条件を絞り込むことができた。

社会的な目標を常に最優先する

念押しになるが、ソーシャル・ビジネスの主な目的は社会に資することであり、事業への波及効果は主従の〝従〟にすぎない。イノベーションの促進や企業イメージの向上を意図してソーシャル・ビジネスを立ち上げると、事業パートナーに疑念を持たれ、イノベーションに必要な協力関係に水を差しかねず、従業員の目には偽善と映るだろう。

だからといって、当然ながら、波及効果を話題にしてはならないわけではない。ただ、波及効果はあくまでも副次的な位置付けにすべきなのである。さもないとまったく得られなくなるだろう。

事業パートナーは厳選して忍耐強く付き合う

目の前の社会課題に適したビジネスモデルは、一朝一夕に築けるものではない（シュナイダーエレクトリックは、アクション・タンクに発足時から参画しているが、事業の性質が主に法人向けであるため、プロジェクトの中身を決めあぐねていた。最近になってようやく、貧困層の電気・ガス消費量を測定する試みが始まりつつある）。社内はもとより、社外の事業パートナーとの交渉が必要となる。望ましい事業パートナーを見つけ出すのは容易ではなく、相手の組織文化や考え方を理解しなくてはならない。特に、プロジェクトの成功にNPOの参加と信用が欠かせない場合には、そのNPOの文化と考え方を理解することが不可欠である。パートナーを探したり、提携先との関係の難しさを理解したりするうえでは、アクション・タンクが助けになるほか、世界の一流コンサルティング会社の多くが、ソーシャル・ベンチャーに特化したチームを擁している。

できる限りシンプルにしておく

先進国の貧困層は豊富な選択肢を持つ場合が多い。SFRとエマウスの調べでは、フランス国内のソーシャル・サービス・プログラムは300超に上るという。しかし、おのおのに独自の、しかも往々にして複雑な手続きや適格基準があり、時間にゆとりのない低所得者にとって、十分な情報を得てプログラムを選ぶのは容易ではない。オプティーク・ソリデールのように、ソーシャル・ビジネスの側で全対象者を把握できたとしても、一般に、その約30%にしか製品やサービスを実際に届けることはできない。一部のソーシャル・ビジネスは最近、製品やサービスの認知度向上を狙って、クーポン券の配布や広告といった従来型のプッシュマーケティングを展開している。

地域限定で始める

最初から全国規模での展開を目指すべきではない。NPOとの協働方法は、小規模で始めたほうが理解しやすい。幸いにも、ソーシャル・ビジネスは特定の顧客層しか対象にしないため、試行が容易である。エシロールは、マルセイユでのパイロット期間を含めて、18カ月で望ましい形にたどり着いた。ダノンのプロジェクト・マリンは、4都市だけで推進しながらいまも改善を重ねている。とりわけ難題になりそうなのは、顧客をどう絞り込むかである。

＊　＊　＊

ソーシャル・ビジネスはいまだ揺籃期にある。しかし、これまでの実績に照らすなら、市場原理に基づく貧困問題の解決策を探すうえで有用そうである。しかも、イノベーションの促進、モチベーションの向上、企業イメージの改善など、営利事業への波及効果も大きい。

より重要な点として、大企業が他の組織と連携すると、社会変革を力強く推進できることが示されている。そして、ソーシャル・ビジネスには、企業、NPO、政府機関など、社会のあらゆる組織を結束させる力がある。これは素晴らしいことだ。貧困との戦いには、あらゆる人材や能力が必要とされるのだから。

『Harvard Business Review』(HBR)とは

ハーバード・ビジネス・スクールの教育理念に基づいて、1922年、同校の機関誌として創刊され、エグゼクティブに愛読されてきたマネジメント誌。また、日本などアジア圏、ドイツなど欧州圏、中東、南米などでローカルに展開、世界中のビジネスリーダーやプロフェッショナルに愛読されている。

『DIAMONDハーバード・ビジネス・レビュー』(DHBR)とは

HBR誌の日本語版として、米国以外では世界で最も早く、1976年に創刊。「社会を変えようとする意志を持ったリーダーのための雑誌」として、毎号HBR論文と日本オリジナルの記事を組み合わせ、時宜に合ったテーマを特集として掲載。多くの経営者やコンサルタント、若手リーダー層から支持され、また企業の管理職研修や企業内大学、ビジネススクールの教材としても利用されている。

ハーバード・ビジネス・レビュー ビジネスモデル論文ベスト11

ビジネスモデルの教科書

2020年11月24日 第1刷発行

編 者――ハーバード・ビジネス・レビュー編集部
訳 者――DIAMONDハーバード・ビジネス・レビュー編集部
発行所――ダイヤモンド社
〒150-8409 東京都渋谷区神宮前6-12-17
https://www.diamond.co.jp/
電話/03·5778·7228(編集) 03·5778·7240(販売)

装丁デザイン―デザインワークショップJIN(遠藤陽一)
製作進行――ダイヤモンド・グラフィック社
印刷――――堀内印刷所(本文)・新藤慶昌堂(カバー)
製本――――ブックアート
編集担当――大坪亮

ISBN 978-4-478-10914-4